民法入門・総則

〔第5版補訂版〕
エッセンシャル民法 1

永田眞三郎・松本恒雄・松岡久和・横山美夏 著

有斐閣ブックス

第5版補訂版 まえがき

　本書は，民法の最初の学習段階にある学生を対象にして，法解釈の細かな部分（論点）をつとめて削ぎ落とし，法制度や法規定の基本的な仕組みをしっかりと理解してもらうことを狙いとするものです。幸いにも，この点については多くの教員や学生のみなさんの理解を得ることができ，本書は，法学部や法科大学院などの教科書として広く用いられ，読まれてきました。

　第5版刊行後も，配偶者居住権の創設，遺留分制度や相続の効力に関する民法（相続法分野）の改正が2019年7月（配偶者居住権部分は2020年4月）に施行されたのをはじめ，成年年齢の引下げに関する民法（総則・親族法分野）の改正が2022年4月に，所有者不明土地問題への対策を中心とした民法（物権法・相続法分野）の改正が2023年4月に施行されるなど，民法の重要な改正が相次いで行われています。また，再婚禁止期間の撤廃と嫡出推定等に関する民法（親族法分野）の改正が2022年12月に成立しました（施行は一部を除き，1年半後に予定されています）。そこで，人の章を書き改めるとともに，他の章についても，法改正に合わせて表現を見直したり，時宜にかなった資料や事例に差し替えたりするなど内容の刷新を図り，ここに第5版補訂版として刊行するに至りました。

　この第5版補訂版の刊行を機に，本書がさらに広く学生のみなさんに読まれ，その学習に役立つものとなることを願っています。

　最後になりましたが，本書の改訂を裏方として支えていただいた有斐閣京都支店の一村大輔氏に対して感謝の意を表します。

　2023年2月

執筆者一同

第5版 まえがき

　本書は，民法の最初の学習段階にある学生諸君を対象にして，法解釈の細かな部分（論点）をつとめて削ぎ落とし，法制度や法規定の基本的な仕組みをしっかりと理解してもらうことを狙いとするものです。幸いにも，この点については多くの理解を得ることができ，本書は，法学部や法科大学院などの教科書として広く用いられ，学生諸君に読まれてきました。

　1995年6月の初版刊行後5年を経た2000年6月には，その間に制定された関係諸法や改正された民法の規定を踏まえて，関連する部分を書き改め，第2版を刊行しました。2005年5月には，民法の文体や用語を現代語化し，保証契約の内容を適正化する民法の改正法が同年4月に施行されたことを踏まえて，全面的に改訂を行い，第3版を刊行しました。さらに，2008年4月には，「一般社団法人及び一般財団法人に関する法律」および民法の法人規定の改正法が同年12月に施行されることを踏まえて，法人部分の記述を全面的に書き改め，第4版を刊行しました。

　このたび，民法の債権関係規定の大規模な改正および商法その他の多数の関係諸法の改正を伴った「民法の一部を改正する法律」および「民法の一部を改正する法律の施行に伴う関係法律の整備等に関する法律」が2017年6月に公布され，2020年4月に施行されることになりました。そこで，大幅に改正される法律行為や時効の章を全面的に書き改めるとともに，他の章についても，時宜にかなった資料に差し替えるなど内容の大幅な刷新を図り，ここに第5版として刊行するに至りました。

　なお，今回の改訂から，エッセンシャル民法シリーズの『物権』，『債権』の共著者である横山美夏が『民法入門・総則』にも執筆者として加わることとなり，第3章と第4章の改訂を担当しています。残念なことに，エッセンシャル民法シリーズのコンセプトの発案者であり，リーダーであった永田眞

三郎先生は，校正段階の2017年11月にお亡くなりになりました。改訂に向け
た同年9月の最終打ち合わせ会合に出席されてからわずか2か月足らずの急
なことでしたが，永田先生のお考えも改訂に反映させることができました。
　この第5版の刊行を機に，本書がさらに広く学生諸君に読まれ，その学習
に役立つものとなることを願っています。

　2018年2月

執筆者一同

初版 まえがき

　本書は，民法の初学者に対する教科書です。法制度や法規定の基本的な仕組みを的確に伝えることに焦点がおかれています。したがって，民法解釈上のさまざまな議論，いわゆる「論点」については，本書では，それが問題となるきっかけを示唆するにとどめ，つぎの学習段階に向けた体系書や教室での講義に委ねようと考えました。

　というのは，民法に初めて接する者にとっては，まず，法制度や法規定の基本的な仕組みをしっかり理解することが出発点です。たとえば，現代社会の経済活動は「契約」という法制度を基礎に成り立っています。そこでは，まず，法制度としての「契約」のノーマルなあり方，その「契約」の要素をなす「意思表示」の法的仕組みと機能をしっかり理解することが必要となります。そのうえで，「意思表示」をめぐるいわば典型的な病理現象に対する法技術，たとえば，買主の錯誤による売買の無効（民法95条）*や詐欺による取消し（同96条）などの法技術を民法の規定に沿って理解していくことになります。その際，それを解説していくプロセスの途中に，学問上の細かい論点を差し挟むと，それは，いわば「例外の例外についての議論」に深入りすることになります。やっとノーマルな基礎的な法制度とそれを逸脱する例外的な事象に対する典型的な法技術とを対応させて理解できるようになり始めた初学者に対して，そのような「例外の例外についての議論」を提供することは，せっかくできはじめた理解の流れを乱す結果になりがちです。

　教える側からみても，なんらかの「論点」に立ち入ろうとする場合，まず学生諸君に期待することは，議論の前提となりほぼ共通の理解が得られている事項について的確に修得していることです。たしかに，教科書には，「論点」がどうして問題となるのかという契機は示されていなければなりません。しかし，論点そのもの，すなわちさまざまなニュアンスを含んだそれをめぐ

る議論は，講義で語られるのが適切ではないか，あるいは，それこそ講義で語られるべきものではないか，とも考えたのです。

このように，本書は，民法の法制度や法規定の基本的な仕組みをわかりやすく解説することに徹しています。そのために，いくつかの工夫をしてみました。

法律を学んだ者に求められるのは，ルールによって問題を処理する力量です。それは記憶している言葉やセンテンスをそのまま再生するのではなく，一定の用語を用いてセンテンスを作り，的確なメッセージを発信できる能力です。自分の思考を組み立て，その枠組みのなかで議論ができるようになることが必要です。

したがって，まず，本文の叙述では，読者がこれまで生活してきた領域で経験した問題やそこで使われてきた日常用語と民法という専門領域からみた問題や専門用語等とを連関させることに，言い換えると読者がこれまで話してきたボキャブラリーと法の世界での言葉や議論とを架橋することに，格別の配慮をしています。

つぎに，本文の叙述にそって，その理解を補うために多数の図表を配しています。あるいはまた，本文で示された法的問題がどんな拡がりをもつのかをイメージできるように，現代的な視点からテーマを選んだコラムが置かれています。

基本的な判例については，本文の叙述の流れに沿って「ケースのなかで」として組み込んで，本文との関連を簡明に示し，それにキーワードを付してその判例の大まかな射程範囲がわかるようにしています。

本書を手にされた初学者には，以上のような趣旨を十分に理解され，本書の試みたいくつかの工夫を存分に活用されて，民法との初めての出会いが円滑にすすみ，その習得に成功されるよう期待しています。

最後になりましたが，本書の刊行にあたって，私ども執筆者が次々に提示する構想やアイデアに対して，辛抱強くつきあいこのような形に整理してま

とめあげていただいた有斐閣書籍編集部の奥村邦男氏に心からお礼を申し上げたいと思います。

1995年4月

執筆者一同

＊　平成29年の民法改正により，錯誤による意思表示は無効ではなく，取り消すことができるものとなりました（改正民法95条1項）。

● **執筆者紹介 (執筆分担)** ||||||||||||||||||||||||||||||||||||||||||||||||||||||||||||||||||||||||||||||||||||||||||

永 田 眞 三 郎　　（元関西大学学長，京都大学法学部卒）
なが た しん ざぶ ろう
　　　　　　　　　　　　第 1 章～第 4 章

松 本 恒 雄　　（一橋大学名誉教授，京都大学法学部卒）
まつ もと つね お
　　　　　　　　　　　　第 1 章，第 9 章～第12章

松 岡 久 和　　（立命館大学教授，京都大学法学部卒）
まつ おか ひさ かず
　　　　　　　　　　　　第 2 章，第 5 章～第 8 章

横 山 美 夏　　（京都大学教授，早稲田大学法学部卒）
よこ やま み か
　　　　　　　　　　　　第 3 章，第 4 章

目　　次

第3章　人 ————————————————————————47

第8章　無効と取消し ──────────────────── 149

第1章　民法とは何か

　私たちが通常使う「六法」には，数百の法令が収載されている。現行の日本の法律の数はおよそ2000あり，法令の条文の数をトータルすると数十万か条にも及ぶ。しかし，これらの多数の法令や条文は，私たちのまわりにバラバラに存在しているわけではない。それらは，それが規制しようとしている社会生活関係の種類，規制の原理と方法，それが機能する局面などに応じて，一定の体系（システム）を形づくっている。

　まず，民法を学ぶにあたって，それが日本の法システム全体の中でどのような位置にあるのかを概観してみる。そして，その民法が，どんな構成になっているのか，どんな考え方を基礎にしているのか，どんな範囲に適用されるのか，これらの基本的な事項を整理する。

第1節　民法の守備範囲

1　私法（私人の関係を規律する法）としての民法

> ── モデルケース 1 ─────────────────
>
> 　Aは，自分の乗用車を運転中，スピードを出しすぎていたため，道路
> を横断中のBを避けきれずにはねてしまい，Bに重傷を負わせた。

1つの事実にいくつかの法分野がかかわる

　交通事故といえば私たちがごく身近に見たり聞いたりする事件である。さ
て，**モデルケース1**のような事案では，どのような法的な問題が起こりうる
のだろうか。まず，加害者Aは，警察で取り調べられ，罰金あるいは禁錮・
懲役などの刑罰が裁判所の判決に基づいて科せられることになる（「自動車の
運転により人を死傷させる行為等の処罰に関する法律（自動車運転死傷処罰法）」）。
また，公安委員会によって免許を取り消されたり停止されたりする（行政処
分）ことも考えられる（道路交通法103条1項5号）。さらに，Aは，被害者で
あるBから治療費や慰謝料などの損害賠償を請求されることにもなろう（民
法709条，自動車損害賠償保障法3条）。私たちの身の回りではさまざまな事件
や問題が発生するが，このように，ある1つの事実に対して，1つの法分野
だけでなく，いくつかの異なる法分野の法律がかかわってくることが少なく
ない。

公法の領域と私法の領域の区別

　モデルケース1について考えてみると，Aに刑罰が科せられる場合とAの

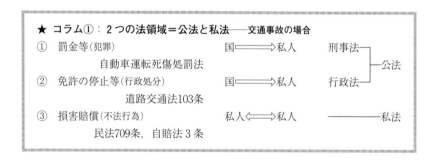

★ コラム①：2つの法領域＝公法と私法——交通事故の場合

① 罰金等(犯罪)　　　　　　　　　　国━━━⟶私人　　　刑事法┐
　　　自動車運転死傷処罰法　　　　　　　　　　　　　　　　　　├公法
② 免許の停止等(行政処分)　　　　　国━━━⟶私人　　　行政法┘
　　　道路交通法103条
③ 損害賠償(不法行為)　　　　　　　私人⟸━━私人　　　━━━━私法
　　　民法709条，自賠法3条

図1-1　民法から見た実定法システムの概略

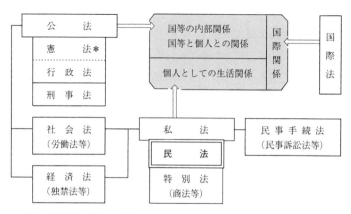

＊　憲法は全法体系の基本原理を定める国の最高法規であるが，直接には，国の統治機構と国等
　に対する市民の人権の保障について規定する。

免許が停止される場合では，いずれも，国（または自治体）の私人Ａに対する権力行使が問題となっている。これに対して，Ａが被害者Ｂから損害賠償請求される場合では，ＡとＢとの私人間の権利と義務が問題となっている。このようにみると，前二者と後者の法律関係のあり方には，基本的な違いがみられる。

　現行法のシステムは，この2つの領域を大きく区別し，それを基礎として構築されている。前者，すなわち国や自治体と私人との関係あるいは国や自治体相互の関係等を規律する法領域は「公法」とよばれている。後者，すなわち私人間の関係を規律する法領域は「私法」とよばれている。ここでは，交通事故をモデルケースとして説明したが，日常の事業活動や消費生活など

に関してもいくつかの法分野にかかわることがある。そこでも，同様に，法律関係は，まずこの2つの領域に分類され整理されることになる。「公法」と「私法」の領域の区別，これは，法律を学ぶにあたってまず理解しておくべき問題である（私法を修正する法領域として「社会法」「経済法」があるが，それについては，後述第5節（28頁以下）で学ぶ）。

民法は私法の領域に属する

これから学ぶ民法は，以上の分類に従えば，いうまでもなく，私人間の関係を規律する私法である。なお，私法の領域は，権力的な秩序の原理が支配する公法の領域とは異なり，後述するように，自由平等をその指導原理とする。

2　私法の一般法としての民法

> **― モデルケース2 ―**
>
> 　Aは，1年後に返済してもらう約束でBに100万円を貸した。Aは，約束の期日に，いくら返済してもらえるのか？
>
> 　①　利息年利8％をもらう約束で貸した場合
>
> 　②　利息をもらう約束がなかった場合
>
> 　③　利息をもらう約束はしたが利率の約束がなかった場合

民法と他の法律の規定とが衝突する場合がある

　モデルケース2について考えてみると，①の場合のように利息について明確な約束がある場合（利息制限法に違反するときは別として）には，いうまでもなく，Aは，約束どおりの元利合計金額（すなわち108万円）の返済を求めることができる。問題は，②の場合のように，金銭の貸借はあったが，その際に利息について約束がなされなかった場合である。金銭の貸借は，消費貸借という契約類型にあたる。それに関する民法の規定をみると，借りた額と同

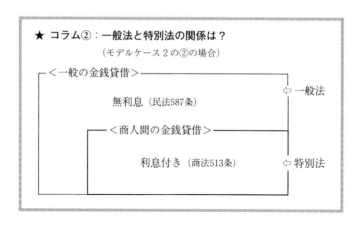

★ コラム②：一般法と特別法の関係は？
（モデルケース２の②の場合）

＜一般の金銭貸借＞

無利息（民法587条）　　　　　　⇦一般法

＜商人間の金銭貸借＞

利息付き（商法513条）　　　　⇦特別法

額の金銭を返還すればよいと規定されている（587条）。すなわち，利息の約束がなければ，利息は付かない（589条１項）。これに対して，商法によると，私人の取引のうち商人間の金銭の貸借では，法定利息を請求できるとされている（商法513条）。すなわち，その場合には，利息の約束がなくても利息付きの借金ということになる。

　ここでは，金銭の貸借の場合の利息請求権という１つの問題に対して，無利息とする民法の規定と利息付きとする商法の規定の２つの異なる規定が存在することになる。このように，ある１つの事実を，民法だけではなく同じ私法の領域の別の法律の規定も規律の対象としており，しかも，規律の内容が違う場合がみられる。

「一般法」と「特別法」という整理の仕方

　１つの事実に対して内容が違う複数の私法の規定が存在する場合，その規定のいずれもが独立して適用されると解され，それでとくに支障が生じないこともある。しかしながら，モデルケース２の②のように，無利息か利息付きかというような問題の場合には，その内容上，民法と商法の規定を同時に適用することはできない。

　もっとも，ここでは，法規定の衝突が起こり解決ができなくなるというような心配はない。すなわち，この２つの規定は，それぞれ違う局面で適用されるからである。条文の文言からもわかるように，利息付きであるとする商

法の規定は「商人間」の金銭の貸借についてのみ適用される。適用される局面がとくに限定されていない民法の規定（無利息）は，それ以外の一般の金銭の貸借に適用されるということになる。

このように，同様の問題について，一般的に適用される法規定と特定の局面においてのみ適用される法規定とがある場合，その両者は「一般法」と「特別法」の関係にあるといい，「特別法は一般法に優先する」ことになる。

民法は「私法の一般法」である

民法との関係でもっとも主要な特別法は，商事に関する領域全般を扱う商法である（商法1条参照）。その他，民法の所有権の規定に対する建物の区分所有等に関する法律，賃貸借の規定に対する借地借家法，雇用の規定に対する労働基準法，不法行為の規定に対する失火ノ責任ニ関スル法律など，民法に対する種々の特別法がある。

一般法と特別法という整理の仕方は，2つの法規定の相対的な関係を示すものにすぎない。たとえば，商法は民法の特別法の1つであるが，一方，国際海上物品運送法は商法の特別法の1つである，ということになる。ここでとくに注意すべきことは，民法は，私法の領域全体をカバーする原則的なルールを提供するものであり，他の法律に特別の規定がない場合には最終的に適用される法であるということである。すなわち，民法は「私法の一般法」である。したがって，商法や労働法など他の分野を学ぶ前に，まず，民法に定められている原則的なルールをしっかり理解しておくことが大切である。

民法は当事者間の合意を補充する

モデルケース2の③の場合，民法は，利率についての合意がないときは，法定利率の利息が発生すると定める（404条1項）。法定利率は銀行の行う短期貸付けの平均利率に応じて変動するが，本書改訂時点である2022年の法定利率は3％である。

　このように，民法のとりわけ契約関係の規定には，当事者がある事項についてとくに定めていない場合に適用される条文が多数用意されている（たとえば，売買の代金の支払期限に関する573条や代金の支払場所に関する574条など）。逆に言えば，これらの当事者間の合意を補充する条文は，当事者がそれと異なる合意をすれば，その合意のほうが優先するということになる（任意規定）。

3 実体法（権利義務そのものを定める法）としての民法

モデルケース 3

　Aは，1年後に返済してもらう約束でBに100万円を貸した。Aが約束の期日に返済を求めたが，Bはそれに応じない。

　① Bが，数日前にAの家人に利息をも含め全額手渡したといって，請求に応じない場合

　② Bが「払えといわれてもお金がない」といって，請求に応じない場合

権利義務関係とそれを実現する手続との区別

　モデルケース3について考えてみると，約束の期日になれば，もちろん，Aは，Bに返済を請求することができる。しかし，①の場合のようにBがすでに弁済したといって拒んでいる場合には，そもそもBの主張が本当なのか，あるいは，その主張どおりであっても，家人への金銭の支払がAに対する借金の返済といえるものなのかどうか，というような主張の対立が生じるであろう。Aが権利を実現するには，当事者の権利や義務の存否をまず明らかにするための法制度が必要となる。その中心となる制度が裁判（訴訟）である。

　また，②の場合のように，Bが，Aに権利があることを認めながらも，請求に応じないという場合も考えられる。この場合，手の打ちようがないのだろうか。それでは，Aに権利があるといってもその意味がない。このようにBが理由なく義務を履行しない場合に備えて，Aの権利を強制的にでも実現する法制度が準備されていなければならない。そのための制度が強制執行制度である。

　このように，なんらかの私人間の法律関係が問題となる場合，どのような場合に権利や義務が発生するのかということと，どのようにしてその権利や義務の存否を明らかにし，最終的にそれをどのようにして実現するのかとい

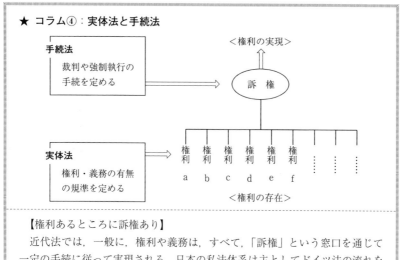

★ コラム④：実体法と手続法

手続法
裁判や強制執行の手続を定める

＜権利の実現＞

訴　権

実体法
権利・義務の有無の規準を定める

権利 a　権利 b　権利 c　権利 d　権利 e　権利 f ……

＜権利の存在＞

【権利あるところに訴権あり】
　近代法では，一般に，権利や義務は，すべて，「訴権」という窓口を通じて一定の手続に従って実現される。日本の私法体系は主としてドイツ法の流れをくむ。ドイツ法の淵源はさらにローマ法に遡るが，そのローマ法では，近代法とは異なり，個別に訴権が定められており，訴権としてリストにあがっている権利のみがその実現を保障されていた。

うこととは，分けて考えることができる。

実体法と手続法とを区別する法システム

　われわれの法体系でも，権利や義務が発生するための要件と，その存否を確認し実現する方法とを分け，前者，すなわち権利や義務の発生・変更・消滅そのものを定める法を「実体法」とよび，後者，すなわち，その存否を確認し実現するための法を「手続法（広義の訴訟法）」とよび，両者は，独立した2つの法領域として区別されている。

民法は実体法である

　民法でも，たしかに，債務者が任意に履行しないときには，裁判所に履行の強制を請求することができると定めている（414条）。しかし，それがどのような手続で実現されるのかについては，民法の守備範囲ではなく，別の法律に委ねている。

民法は，AがBに契約に基づいて金銭を貸せばAには返還請求権があると
いうように，どのような事実があれば，誰にどのような権利や義務が生じる
か，ということを定めるものである。すなわち，民法は「実体法」である。
民法によって承認された権利義務は，争いがあれば，裁判手続に関する民事
訴訟法や強制執行手続に関する民事執行法等の「手続法」のルールに従って
実現されることになる。

第2節 民法のシステム

1 民法典と民法システム

民法第何条という場合の民法は，いうまでもなく，「民法」というタイト
ルの法律（明治31年7月16日施行）を意味する（狭い意味での民法）。この意味
での民法は，1条から1050条に至る条文から成る体系化された法典の形式を
有することから，「民法典」ともよばれる。しかし，大学で民法を学ぶとい
う場合の「民法」は，この「民法典」を中心として一定範囲の特別法をも含
んだ私人間の法律関係を規律するための法システム全体を指している。

2 民法システムの構造

> ─ モデルケース 4 ───────────────
> 　Aは，Bから家屋を賃借する契約を締結した。ところが，Aが，Bか
> らその家屋の引渡しを受ける前に，Bは，それをCに売却し所有権登記
> をCに移転してしまった。

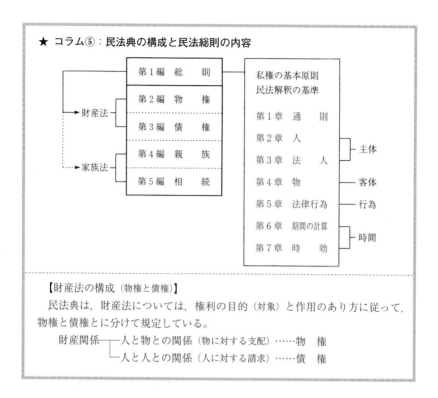

★ コラム⑤：民法典の構成と民法総則の内容

第1編 総　則	私権の基本原則 民法解釈の基準

財産法 ─ 第2編 物　権 / 第3編 債　権

家族法 ─ 第4編 親　族 / 第5編 相　続

第1章　通　則
第2章　人
第3章　法　人 ─ 主体
第4章　物 ─ 客体
第5章　法律行為 ─ 行為
第6章　期間の計算
第7章　時　効 ─ 時間

【財産法の構成（物権と債権）】

　民法典は，財産法については，権利の目的（対象）と作用のあり方に従って，物権と債権とに分けて規定している。

　　財産関係 ─ 人と物との関係（物に対する支配）……物　権
　　　　　　 ─ 人と人との関係（人に対する請求）……債　権

財産法と家族法との区別

　民法というと，一般的には，まず相続とか離婚の問題とかを思い浮かべる人が少なくない。しかし，**モデルケース4**のように，家屋の所有権や賃貸借の問題も，もちろん，民法の領域の問題である。民法は，私人間の法律関係を規律する法であるが，その規律の対象となる私人間の関係は，広い範囲にわたる。そこには，土地の境界，仕入れ代金の決済，交通事故の治療費の負担，離婚後の子どもの養育，父の遺産の分割，実にさまざまな問題が含まれている。

　民法典は，このように種々の私人間の関係を，雑然と規律しているのではなく，いわば大きく2つのファイルに分けて整理している。すなわち，財産関係と家族関係との2つに大別して規律している。その区別に従って，前者を対象とする領域を財産法とよび，後者を対象とする領域を家族法とよんでいる。

法典の編別でいえば，第2編の「物権」，第3編の「債権」が財産法のファイルに，第4編の「親族」，第5編の「相続」が家族法のファイルに属する。第1編の「総則」は，すぐ後で学ぶように，財産法の総則としての性質が強く，講義の体系等では財産法として扱われるのが一般的である。なお，親族法の中にも離婚の際の財産分与請求権（768条）のように財産にかかわる規定も少なくないし，相続法はまさに財産関係の承継を規律するものである。しかし，いずれも，財産法のように経済取引上の合理性を基礎とするのではなく，家族関係を基礎とするものであり，そのような観点から，独立した法領域として扱われているのである。

物権法と債権法とに分ける財産法の構成

　財産関係にかかわる法的な問題は実にさまざまであるが，民法の整理の仕方を**モデルケース4**に従って考えてみよう。

　まず，CがBから取得した権利は，その家屋そのものを直接に自由に使用・収益・処分することができる権利（所有権。206条），すなわち「物に対する権利」である。これに対して，Aが有している権利についてみると，それは，Bに対して「契約どおりにその家屋を使用させろ」と請求できる権利（賃借権。601条），すなわち「人に対する権利」にすぎない。したがって，この事案では，Aは，Cが家屋の所有権者となった以上，特別の事情がないかぎり，Cに対してはなんら法的主張ができる基礎がない。Aは，Bに対して契約違反に基づく責任を追及できるにとどまる。

　民法典は，このように，財産上の権利のうち，まず，物に対してそれを直接に支配できる権利を「物権」とし，第2編でその内容と帰属や処分についてのルールを置いている。つぎに，人に対してその行為（給付）を請求できる権利を「債権」とし，第3編で，その成立や効力についてのルールを規定しているのである。なお，民法典では，このように「物」に対する所有権を中心とする「物権」が財産法の主軸の1つとして置かれているが，**第5章**

　Aが，ある絵画について，それがある著名な画伯の作品であるというBの説明を信じて，それを買い受けたが，実はそれはニセ物であった。さて，この場合，AがBに騙されたとすれば，詐欺が問題となろう。あるいは，Aが思い違いをしたという点からみると，錯誤があったともいえる。見方を変えて，売買の目的物に契約不適合があったとも考えられる。これらの問題に応える条文は，民法典のどこにあるのだろうか。

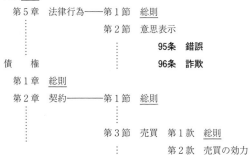

【等しい状況にある事柄には等しいルールを】
　これは法理念の1つである。民法典はこれを徹底しようとした。その結果が共通ルール＝「総則」の花盛り。それが民法の難しさの一因になっている。民法を学ぶということは，この民法典の「総則」好きとうまく付き合えるようになることでもある。

　(99頁)で学ぶように，今日では，音楽やデザイン等の創作物，あるいは，企業秘密やコンピュータプログラム等，「物」ではなく「情報」の複製や使用にかかわる利益が，財産的な権利として承認され重要な位置を占めてきている（知的財産権）。

民法総則とは何か

　このように，民法典は，私法関係を大きく財産法と家族法に大別し，さら

に財産法を物権法と債権法に，家族法を親族法と相続法に分けて規定している。民法を学ぶ場合も，この民法典の構成に従って，これを基礎に理解していくことになる。とすると，本書で学ぶ第1編の「総則」は，この構成の中で，どのように位置づけられるのだろうか。

　民法典の総則は，通則，人，法人，物，法律行為，期間の計算，時効の7章から成り，通則は，権利行使等にかかわる基本原則と民法の解釈基準についての規定である。民法の総則であるから，形式的にはそれに続く第2編から第5編までにかかわる共通ルールが定められていることになる。しかし，総則の大部分の規定は財産法を念頭においたものであり，それらをストレートに適用できるのは財産法の領域である。したがって，実質的には，民法総則は財産法にかかわる共通のルールを定めるものであり，民法の体系上も，通常は，物権法，債権法とともに財産法として位置づけられている。

　民法総則は，その共通ルールを単純に拾いあげたわけではなく，第1章通則に続いて，権利の「主体」としての人と法人（2・3章），権利の「客体」である物（4章），主体の「行為」としての法律行為（5章），「時間」にかかわる制度として期間の計算と時効（6・7章），以上7章に分けて規定している。

第3節　裁判に際して規準となる「法」（法源）

1　民法の規定だけが法源ではない

　裁判官の仕事は，法を適用して判決を下すことである。その場合に裁判官がよるべき規準の源泉を「法源」とよんでいる。民事訴訟でも，当然のことながら，法を規準として私人間の紛争が解決されることになるが，そこでは，

民法の規定だけが規準となるわけではない。また，商事に関する事件だからといって，商法の規定だけが規準となるわけでもない。すでに述べたように，民法や商法以外にも，さまざまな特別法があり，一定の局面では，それらが優先的に適用される。それも法源であることはいうまでもないが，法律以外にも，慣習とか過去の裁判例なども裁判官の裁判の規準となるのか，ということが問題となる。

2　私法の法源

制定法（成文法）

　国が制定した法（制定法，広い意味での法律，文の形式を成しているので成文法ともいう）が私法の法源となることはいうまでもない（憲法76条 3 項参照）。この制定法は，国会が制定する（狭義の）法律が中心となるが，内閣や各省庁が制定する命令（政令，省令）や自治体の議会が制定する条例などもこれに含まれる。

慣　習

　私たちは，社会生活をするうえで，制定法だけではなく，一定の取引実務の中で生まれ守られてきたルールや一定の地域で従来から認められているルールに従って行動していることも少なくない。このような「慣習」は，単にそのような行為規範として機能するだけでなく，民事事件では，一定の範囲で裁判の規準（法源）となることも認められている。

「法の適用に関する通則法」3条では，「慣習」について，それが，公の秩序・善良の風俗に反しないとき，法令の規定により認めたものおよび法令に規定がない事項に関するものについては，法律と同一の効力を有すると規定している。

　また，商取引については，取引の態様や状況に応じてさまざまな慣行ないし「慣習」が生まれ，それに従って取引が展開されることになるが，商法1条2項では，商法に規定がない場合には，一般法である民法に優先して「商慣習」が適用されるとしている。

　なお，民法でも，契約等の法律行為に関しては，公の秩序に関する規定（強行規定）に反しない慣習について，当事者がその慣習による意思を有していると認められる場合には，その「慣習」に従うことが規定されている（92条）。実際上は，契約等に関しては，慣習がある場合には通常それによることになるから，とくに反対の意思が明確でない限り，慣習によるものと解される。

条　　理

　裁判官は，法令や慣習にも規準となるルールが見出せない場合，民事事件では，いわゆる条理（社会の大多数の人が認めている物事の考え方のすじ道）に従って裁判することになる。たしかに，裁判官は条理に従って裁判するとはいえるが，そこでは，条理は，裁判官が「適用する規範そのもの」ではなく，裁判官が「規範を適用する際の判断規準」にすぎない，という理解が一般的である。

判　　例

　裁判の先例を判例とよんでいるが，イギリスのように先例拘束主義を採用している場合には，判例が法的拘束力をもつ裁判規準（法源）となる。制定法主義を採用している日本法では，裁判官は，先例に従わなければならない

【太政官布告103号裁判事務心得3条（明治8年）】
民事ノ裁判ニ成文ノ法律ナキモノハ習慣ニ依リ習慣ナキモノハ**条理ヲ推考シテ裁判スヘシ**

【スイス民法典第1条（1907年）】
　文言ないし解釈によれば法律に規定が含まれている法的問題にはすべてその法律を適用する。法律からなんらの規定も得られないときには，裁判官は慣習法に従って裁判し，慣習法もないときには，**自分が立法者であれば定立するであろう規準に従って裁判すべきである**。その場合，裁判官は，確定した学説および伝統に従う。

という法的な拘束力に服するわけではない（憲法76条3項参照）が，実際上は，判例が裁判規準として機能することが少なくない。

　同種の事件については同様の規準で判断されるということは，市民に対する平等な対応という点（公平性）からみると望ましいことであるし，同種の事件では同じような裁判がなされるであろうという市民の側の信頼（法的安定性）にも応えるものである。法的にも，最高裁判所が判例を変更する場合には大法廷によらなければならない（裁判所法10条3号）し，下級裁判所が最高裁判所等の判例に違反した場合には，上告受理の申立理由となる（民事訴訟法318条1項）とされており，従来の判例と異なる規準を用いて裁判されることは，事実上はきわめて例外的である。

第4節　民法の解釈とその方法

> ── モデルケース 5 ─────────────
>
> 　Aは，自分の乗用車を運転中，カーブでスピードを出し過ぎていたた
> め，前方に駐車中のBのバイクを避けきれず衝突して大破させた。
>
> ─────────────────────────
> 民法709条　故意又は過失によって他人の権利又は法律上保護される利
> 益を侵害した者は，これによって生じた損害を賠償する責任を負う。

1　法適用の仕組み

法的な規準による紛争解決

　モデルケース 5 では，「AはBのバイクの損害を弁償しなければならない
か」ということが問題であり，常識で考えても，その結論はそれほど大きく
意見の分かれることはなかろう。しかし，法を学ぶ者にとって大切なことは，
その常識的なセンスを養うことに加えて，その結論をどのような思考プロセ
スを経て導き出すかということである。民事裁判の役割は，いうまでもなく，
常識だけに頼った大岡裁きをすることではなく，法的な規準に従って（法を
適用して）紛争を解決することである。したがって，ここではまず，その法
適用の仕組みをしっかり理解しておく必要がある。

法規定の構造──法律要件と法律効果

　法律の規定は，「……ならば，……しなければならない（または，……する
ことができる）」という構造を基本としている。**モデルケース 5** に掲げた民法
709条の規定は不法行為責任を定めるものであるが，これを少しアレンジす

ると，「故意か過失によって他人の権利または法律上保護される利益を侵害しそれによって損害を発生させたならば，その者はその損害を賠償しなければならない」という構造になっている。この「……ならば」の部分を法律要件とよび「……しなければならない」の部分を法律効果とよんでいる。

法適用の構造の枠組み

　裁判における判断のプロセスは，具体的な事実をこの法規定の法律要件（「……ならば」の部分）にあてはめて具体的な結論を導き出すという構造になっている。モデルケースでいえば，AがBのバイクを毀損したという事実が，民法709条の「故意か過失によって他人の権利または法律上保護される利益を侵害しそれによって損害を発生させた」という法律要件にあてはまれば，「その損害を賠償しなければならない」という具体的な法律効果がAに課せられる結果になるのである。

　ここでは法の適用は事実の法規定へのあてはめという形をとるといったが，それは，その基本的な枠組みを意味するにすぎない。その作業は，自動販売機にコインを投入して缶コーヒーを手にいれるように，機械的にあてはめて自動的に結論を導き出すようなものではない。民事裁判の役割は，あくまで当事者のためにいかに納得のいく紛争解決の道を見つけるかということにあ

る。したがって，それは，法規定の規準によるという枠組みを用いながら，知恵をしぼって説得的な結論を見出す作業であるということになる。

2　法解釈の技術と方法

法解釈という作業の必要性

　裁判は法規定の規準という枠組みのなかで行われる。しかし，法規定は，社会で起こるあらゆる事象のそれぞれについて個別に解決の規準を提示しているわけではない。起こりうるいくつかのタイプを想定してある程度一般的に規定されている。したがって，具体的に法を適用するにあたっては，まず，その一般化された規定の意味内容を明らかにする作業をすることが必要となる。**モデルケース5**で問題となる民法709条についてみても，たとえば，Aは「これによって生じた損害」を賠償しなければならないわけであるが，その「損害」には何が含まれるのか，Bが同等のバイクを再調達するための代金相当額になるのか，その日バイクが使えなくてアルバイトを休まざるをえなかった場合のBの賃金分はどうか，というようなさまざまな議論がでてくる。そして，この議論の決着をつけないと，法の適用ないし裁判を進めることはできない。法を学ぶ者の最終的な目標は，法規定を覚えることではなく，この意味内容を明らかにする手法を身につけることである。この作業を法解釈とよんでいる。なお，法解釈という場合，以上述べた意味（狭義の法解釈）のほかに，広く，直接に適用すべき法規定がない場合（法の欠缺という）に必要となる規範を補充する作業をも含むことが多い。ここでは，両者について概説する。

法規定の意味内容の確定

　法規定の意味内容を確定する（狭義の法解釈）ための方法は，一般に，4つのタイプに整理される。すなわち，①文理解釈（その規定がどのような用語を用いどのように書かれているか），②論理解釈（他の規定や法律との関連はどう

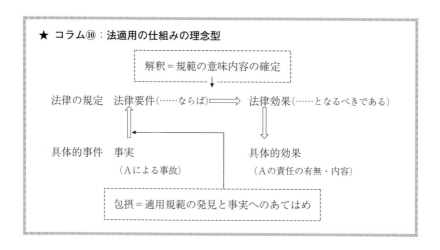

★ コラム⑩：法適用の仕組みの理念型

解釈＝規範の意味内容の確定

法律の規定　法律要件（……ならば）⟹　法律効果（……となるべきである）

具体的事件　事実　　　　　　　　　　　　具体的効果
　　　　　　（Aによる事故）　　　　　　　（Aの責任の有無・内容）

包摂＝適用規範の発見と事実へのあてはめ

か），③歴史的解釈（立法者はどんなつもりで規定したのか），④目的論的解釈
（どのように解釈すればうまく社会に適合するか），以上４つの方法である。

　これらの方法のいずれによるかについては，法に対する基本的な考え方に
よってその重点の置き方が違ってくる。しかし，これらの方法は，たがいに
対立する関係にあるわけではない。法解釈とは，これらをうまく組み合わせ
て，状況に応じた説得力ある結論を見出す作業である，といえる。

法規の補充（類推解釈）

　ある事実について直接に規定した法規がない場合には，刑事事件では犯罪
が成立しないことになり，被告人は無罪になる（罪刑法定主義）。刑事事件で
ない場合には，法規がないときでも，裁判官はなんらかの基準に基づいて一
定の判断を示さなければならない。その場合，その問題と類似の性質・関係
をもった問題について規定した法規を見つけ出し，その規定を間接的に適用
して事案を解決する方法がとられることがある。このようにして法規を補充
する方法を類推解釈とよび，その補充した規定を適用することを類推適用と
よんでいる（たとえば，124頁の94条２項が類推適用される場合を参照）。

民法の解釈の方法

　民法の解釈には，刑法の場合の罪刑法定主義による類推適用の禁止という

ような制約はないので，民事事件では，説得力のある結論を見出すために，
以上述べたいくつかの解釈方法を縦横無尽に駆使することになる。

　法の適用という作業は，すでに述べたように（19頁），事実を規範の法律
要件にあてはめるという構造をもつが，単純な機械的な作業ではない。私人
間の紛争解決の1つの手段としての民事事件では，とくにその柔軟性が必要
となる。妥当な結論を求めて，たえず規範の内容を検討し事実を整理し直し
て進められる。

第5節　民法の基本原理

┌─ モデルケース 6 ──────────────────────────────
│　　AとBとは夫婦であるが，妻Aは，夫Bに相談しないで，婚姻前から
│　有していた自己名義の土地を売却し，受け取った代金3000万円を，難病
│　で治療費に困っていると報道されていた3歳の幼児に送金した。
└──

1　民法で定めておくべき基本的な制度

　これまでに学んできたように，民法は，私人と私人との間の法律関係を守
備範囲とする法領域である。それでは，その私人間の法律関係の基本的なも
のとしてはどのような問題があり，民法は何について定めておかなければな
らないのだろうか。

　それについては，次の4つの事項が基本的なものとして問題となる。①誰
が私法の法領域の構成メンバーとなりそのそれぞれにどのような資格が与え
られるべきか（後に説明する権利能力の問題）。②財産の帰属関係についてはど
のようなルールでそれが規律されるべきか（所有権制度の問題）。③私人間の

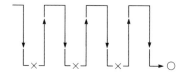
社会関係や経済関係はどのようなルールに従って形成されるべきか（契約の問題）。④一定の私人になんらかの損害が生じた場合誰がどのようなルールでそれを負担すべきか（民事責任＝契約違反や不法行為制度の問題）。

2　民法の4つの基本原則

　現行の民法は，以上の4つの事項のそれぞれに対応して，次のような4つの基本原則を基礎としてなりたっている。

個人の平等と権利主体性

　モデルケース6について考えてみると，AとBとは独立した個人であり，婚姻してももちろんその関係は平等である。また，日本民法では，婚姻してもこの土地は妻Aの所有のままであり，夫Bのなんら関知するところではない（762条1項）。したがって，Aはこれを自由に処分できる。また，売却代金を受け取った幼児は，たとえ3歳であろうと3000万円の所有権者となる（両親が代理して受領することになろうが）。夫婦はたがいに独立した法的地位にあり，幼児も独立した法的地位を有する。このような結論には疑念はなかろう。

このように，まず，法的な人格＝権利能力の問題については，民法では，すべての個人が私法の法領域の構成メンバーとなり，平等の資格（権利主体性）を持つものとして扱われている（3条）。この原則は近代社会の理念からすれば自明のことである。しかし，かつては，個人が家族制度や国家制度の中に埋没し，個人としての独立した地位が否定されたり制限されたりしていたことを思えば，これは，つねに確認をしておかなければならない重要な基本原則である。天皇制上の例外や外国人についての若干の制約はあるが，原則として，すべての人間は，性別，年齢，社会的経済的身分等にかかわりなく等しく権利者や義務者となれる（権利を享有できる）地位にある。なお，個人のほかに，会社などの団体にも権利能力が認められている（法人制度）。その場合でも，法人は個人とは別個の独立した存在として位置づけられ，そこに個人が吸収されるわけではない。

所有権絶対の原則（私有財産制）

　モデルケース6の妻A所有の土地について考えてみよう。さきに述べたように，この土地の所有権は妻Aにあり，妻Aは，夫婦関係がまずくなるかどうかは別として，法的には，もちろん夫に無断で処分することができる。モデルケースでは売却したが，これを担保にしてお金を借りることもできるし，誰かに借地として使わせることもできる。

　財産帰属については，資本制社会を前提とする民法では，いうまでもなく私有財産制を基本としている。すなわち，すべての財産は個人の私有に属し，それが自由な取引によって交換されるとする制度を採用している。その基礎となる位置にあるのが所有権という概念である。所有権はその物を自由に使用・収益・処分することができるオールマイティの権利（206条参照）であり，その他の物に対する権利（たとえば，地上権・抵当権）もこの所有権から派生するとする考え方（所有権絶対の原則）が採用されている。

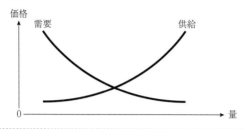

★ コラム⑫：契約自由の原則の基礎（プライス・メカニズム）

【あまり得をする話も損をする話もない】
　契約の締結，契約の内容を，取引する市民の自由な判断に委ねておくと，価格が高いと生産・供給が増え，次第に在庫が増えて値下がりをする。価格が低いと生産・供給が減り，次第に品不足になり値上がりが始まる（プライス・メカニズム）。契約自由の原則は，市場の自由を確保しておけば，需要と供給のバランスにより，結局，あまり得をする話も損をする話もなく，合理的な（正義にかなった）結果となる，という考え方を基礎にしている。

契約自由の原則

　モデルケース6では，土地を所有するAがその財産を使って幼児を助けようとしたわけであるが，それを実現するために，ここでは2つの契約がパイプとなっている。すなわち，土地の売買契約と金銭の贈与契約である。

　このように，私たちの社会では，私人間の社会関係や経済関係は，自由な契約によって形成される。かつての身分社会のように他律的な制度によって形成され規制されるのではない。その契約は，日本民法では合意という形をとり，その合意の内容に従ってそのまま法的な効力が認められる。この原則が，契約自由の原則である。これは，①契約するかしないか（契約締結の自由），②誰を相手とするか（相手方選択の自由），③どのような契約内容とするか（内容決定の自由），④どのような形式でするか（方式の自由），以上4つの派生原則に分かれて機能している。

　契約自由の原則は，当事者の意思の自由を尊重すべきであるということとともに，それによって客観的にも合理的な（正義にかなった）関係が形成される結果となるということを基礎としている。

この契約自由の原則は，私人としての法律関係は自己の意思に基づいて自由に形成できる，とするより広い一般的な原則（いわゆる私的自治の原則）の一環をなし，その中心をなすものである。この私的自治の原則には，契約自由の原則のほかに，財産処分に関する遺言の自由や団体結成の自由なども含まれる。

過失責任主義

　一定の私人に何らかの損害が生じた場合誰がどのようなルールでそれを負担すべきか，ということも民法の守備範囲にある重要な課題である。損害の発生が，散歩中に落雷にあった場合のように，単なる天災地変が原因である場合には，被害者自身がそれを負担せざるをえないことはいうまでもない。

　問題は他人の行為が原因で損害が生じた（因果関係がある）場合である。民法は，この場合でも，他人の行為によるというだけではその他人に損害賠償を求めることはできない，としている。損害賠償請求できるのは，さらにその他人に「故意・過失」があることが必要であるとする立場をとっている。逆にいうと，加害者であっても，わざととか不注意や落ち度がなければ損害賠償の負担をしなくてよいとするものである。これによって市民の活動の自由を保障しようとしたものであるが，これが過失責任主義（過失責任の原則）とよばれるものである。

　そのような損害は，交通事故のようにまったく見ず知らずの第三者の行為（不法行為）によって生ずるだけでなく，契約違反によって生ずることもある。ただし，民法は，不法行為については「故意又は過失」（709条）を損害賠償責任の成立要件，契約違反については「契約その他の債務の発生原因及び取引上の社会通念に照らして債務者の責めに帰することができない事由」（415条1項ただし書）によるときは損害賠償義務を負わないという免責要件としており，両者で異なった規定の仕方を採用している。

★ コラム⑬：契約自由の原則の修正

【保護法が契約自由の原則を一部制約する】

　「価格が高ければ売ろう」「価格が安ければ買おう」。契約自由の原則も，このような掛け引きが成り立つ関係では，正義にかなっているといえる。金銭貸借の場合，貸主は「利息が高ければ貸そう」という。しかし，借りる側は，通常，「利息が低ければ借りよう」というだけの余裕はない。当事者の自由に委ねると不当に貸主が有利になる（高利になる）。そこで，利息制限法のような，契約自由の原則を一部制約するための法規制（保護法）が必要となるのである。このことは，労働関係や借地借家関係等でも同様である。

3　基本原則の修正

> ── モデルケース 7 ──────────
>
> 　Aは，Aの子の大学入学のための費用が足りなくなり，知人の紹介でBに頼んだところ，年2割5分の金利なら応じるといわれ，やむなくその条件でBから100万円を借り入れた。

基本原則の修正の必要性

　民法は，たしかに，以上のような4つの原則を基礎としている。しかし，第1の原則である個人の平等と権利主体性の原則は別として，その他の第2から第4の原則は，これらをストレートにあてはめると，不合理な結果となる場合が少なくない。とくに，社会が進展するにつれて，これらのいずれの原則も，その修正を迫られる局面が広範にわたってみられる状況にきている。

所有権の社会性

　たとえば，宅地の所有権については地上建物の用途や面積について制限が

あるし，建物の所有権についても厳格な建築基準によって規制されており，このことは誰しも当然のことと考えている。このように，所有権絶対の原則といっても，その対象となる物の性質や社会関係のなかでの位置づけによっては，まったく無制約にその権利が主張できるものではないと考えられる（権利の社会性）。所有権の制限は，公法に属する立法的規制による場合が少なくない。しかし，私法上でも，相隣関係にある土地の流水や通行の問題のように民法自身で一定の制約を承認している場合もあるし，また，特定の権利行使については，それが権利濫用にあたるとして制限される場合もある（1条3項）。たしかに，「所有権は義務を負う」（ドイツのワイマール憲法153条3項）のである。

契約についての制度的な規制

モデルケース7をみて，誰でも問題があると感じるのは，金利が高すぎるということであろう。しかし，契約自由の原則によると，どのような契約内容とするかは当事者の自由なのである（内容決定の自由）から，金利をいくらにするかもAとBとが合意すれば，契約としては問題ない（有効）ということになってしまう。

しかし，この場合，契約は当事者の自由に委ねておけば，結局，需要と供給のバランスにより，合理的な（正義にかなった）結果となる，という契約自由の原則の基礎となる考え方が通用するだろうか。お金のあるBには貸すか貸さないかの自由はあるが，切迫したAには，自分に良い条件なら借りようというような余裕はない。

このように，当事者の経済的な力関係に格差がある場合，弱い立場にある者は，優位にある者の提示する契約内容に従わざるをえない，というような結果が生じやすい。そこで，両者のバランスを回復するための制度的な方策が必要となる。そのために，法律によって，当事者の合意によっても変更できない一定の取引条件を定めるというような方法がとられることになる（社

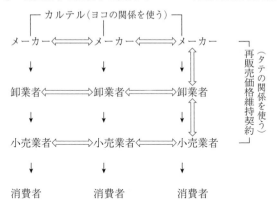

★ コラム⑭：自由競争を阻害する契約（カルテルと再販売価格維持契約）

【「契約の自由」が「契約の自由」の基礎を破壊する】

　契約は自由だからといって，契約の自由，競争そのものを制限するような契約が締結されることがある。①たとえば，メーカー同士のような同じ流通のレベルにある事業者間（ヨコの関係）で，同種の商品について価格協定（カルテル）をするような場合，②卸業者と小売業者のような1つの流通の経路にある事業者間（タテの関係）で，次の段階の取引条件（小売価格）を決めてしまうような場合などがみられる。このような契約をそのまま認めると，契約自由の基礎である，需要と供給のバランスの仕組み（プライス・メカニズム）が崩壊してしまう結果になる。独占禁止法などの競争の自由を確保する法規制（経済法）が必要となる。

会法的な修正といわれる）。労働基準法による民法の雇用の規定の修正，借地借家法による民法の賃貸借の規定の修正などが典型的な例である。

　モデルケースの場合の金利についても，利息制限法によって，利率の上限が法定されており，それを超える部分は無効とされる。たとえば100万円以上の貸金の場合には上限は年利15％と定められている（利息制限法1条）ので，年利2割5分とするAB間の約束は超過部分の10％分は無効となり，Aはその分は支払わなくてもよいことになる。

　さらに，契約自由の原則の基礎は，その原則そのものによっても脅かされることがある。すなわち，カルテルのように契約自由をたてにとって，契約

の自由，競争の自由そのものを制限するような契約が締結されることがある。そこで，これに対しても，そのような不公正な取引を禁止し是正するための制度的な方策が必要となる。このためには，主として行政的な規制を内容とする「私的独占の禁止及び公正取引の確保に関する法律」（独占禁止法）を中心とするいくつかの法律が制定され，その範囲で契約自由の原則は修正されている（経済法的な修正といわれる）。

　このような社会法的あるいは経済法的な修正とならんで今日では，消費者と事業者の商品やサービスについての情報の格差（非対称性）を是正するものとして，消費者法的な修正の重要性が強調されるようになってきている。その中心となる法律が消費者契約法および特定商取引に関する法律である。

危険責任（無過失責任）思考の導入

　他人の行為で損害を被った場合でも，その被害者が加害者の過失を証明できないときには，被害者自らその損害を負担しなければならないとする，過失責任主義を貫くと，被害者の保護という観点から不合理だと感じられるような場合が少なくない。次の2つの考え方を中心にして，過失責任主義もその修正を迫られるようになってきている。

　第1は，企業活動を展開する過程で事故が起こった場合，企業はその活動で利益も得ているのだから，たとえ過失がなくてもその活動に伴うリスクとして，その損害は負担すべきであるとする考え方（報償責任）である。この考え方は，すでに民法の使用者責任の規定（715条）にも反映し，そこでは，被用者が事業の執行について損害を与えた場合に使用者も損害賠償義務を負担することが規定されている（なお，公権力の行使にあたる公務員の不法行為については，国家賠償法1条により，国または公共団体のみが損害賠償の責任を負う）。

　第2は，他人に損害を与えるような危険を含む活動をしている者は，そのリスクを被害者に転嫁すべきでないから，たとえ過失がなくても，その危険により発生した損害を負担すべきであるとする考え方（危険責任）である。

★ コラム⑮：無過失責任を採用している立法例

独占禁止法25条	（昭和22年制定）
鉱業法109条	（昭和25年制定）
原子力損害の賠償に関する法律３条	（昭和36年制定）
大気汚染防止法25条	（昭和47年制定）
水質汚濁防止法19条	（昭和47年制定）
船舶油濁損害賠償保障法３条	（昭和50年制定）
製造物責任法３条	（平成６年制定）

【「製造物責任法」の規定の例】

　第３条　製造業者等は，その製造，加工，輸入又は前条第３項第２号若しくは第３号の氏名等の表示をした製造物であって，その引き渡したものの欠陥により他人の生命，身体又は財産を侵害したときは，これによって生じた損害を賠償する責めに任ずる。ただし，その損害が当該製造物についてのみ生じたときは，この限りでない。

　この考え方も，すでに民法に一部採り入れられている。土地工作物責任の規定（717条）は，建物の倒壊等の場合の建物所有者等の責任について定めているが，危険責任がその基礎となっている。さらに，この考え方は，交通事故や製造物による事故等の場合について重要な意味をもつようになってきている。交通事故の場合，人身事故については，自動車損害賠償保障法３条によって，被害者が加害者の過失を証明しなければならないとする民法709条の規定が大きく修正されている。そこでは，過失がなかったことの厳格な証明を加害者側に求め，その証明がない場合には損害賠償義務を負担させることとしている（証明責任の転換）。製造物に関しては，メーカーはその欠陥によって生じた損害につき賠償義務を負担するものとしており，故意・過失によることを要件としていない（製造物責任法３条）。

　このような２つの考え方を基礎として，次第に，過失責任主義から無過失責任主義的な考え方が浸透し，その支配する領域が拡大してきている。

第6節　民法の適用範囲

　民法が，その付属法や特別法をも含め，すべての国民に適用されることは自明のことであるが，その適用範囲について，若干留意しなければならない点がある。

人 的 範 囲
　民法は，人的には，まずすべての日本人に適用される。また，日本国内で生活する外国人にも適用される。とすると，外国で日本人が生活する場合には，日本の民法とその外国の民法が適用される可能性がある。また，日本国内で外国人が生活する場合には，その本国の民法と日本の民法が適用されることも考えられる。

　適用される国の法律が複数考えられる場合（法の抵触）に適用されるべき法（準拠法）を定めるための法領域を国際私法ないし渉外法とよんでいる。いずれを適用すべきかを定める法律が，「法の適用に関する通則法」である。

　なお，国際取引では，予め当事者間で適用すべき法律を合意することも少なくない。その際，第三の国の法律の内容が当事者双方にとってメリットのある場合とか双方がそれに精通しているような場合には，当事者のいずれの国の法律でもなく，その第三の国の法律が準拠法として選択される場合もある。この場合，日本民法の適用は排除され，その第三の国の法律が適用されるということが起こる。

場 所 的 範 囲
　民法は，場所的には，日本の領土全体に適用される。ごく例外的に施行さ

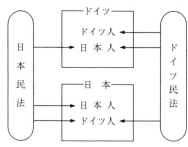
れる地域が限定されている場合がある。特定の地方公共団体にのみ適用される特別法（憲法95条）の場合や一定の条件を充たす同種の地域にのみ適用される法の場合である。民法関連法規としては，後者に属する「大規模な災害の被災地における借地借家に関する特別措置法」があげられる。これは，大火災などの災害があった地域について，そのつど法律や政令で適用範囲が定められることになっている（平成7年1月の阪神・淡路大震災においては本法の前身である罹災都市借地借家臨時処理法が適用されたが，平成23年3月の東日本大震災には適用されなかった）。

時間的範囲

民法は明治31年7月16日に施行された。民法を改正する場合，その施行日は，そのつどその法律の附則で定められる。この施行日以前に起こった事件に対して遡って法律を適用しないという原則（法律不遡及の原則）がある。これは，遡って法律を適用すると，既得権を害し法的安定性を損なう結果となるからである。しかし，民事法では，改正法の趣旨からとくに現状を変更する要請が強い場合には，不利益を与えない範囲で遡及適用することも許される。

第2章 私　　権

　契約，所有権の帰属，婚姻・離婚などの法律関係は，社会関係の1つの側面を切り取ったものである。法律関係は，それにかかわる人の側からみると，権利と義務とに分解される。これから民法を勉強していくと，伝統的な所有権，代金債権，扶養請求権などの権利や新しく形成されてきたプライバシー，知的財産権，環境権など実にさまざまな権利と出会うことになるだろう。この章では，これらの権利について，個別に理解していく前に，まず，私法上の権利という意味で「私権」としてひとまとめにして解説する。その基本的な性質を明らかにしてタイプ別に整理したうえで，これら私権の権利行使についての基本原則を学ぶ。

第1節　社会関係・法律関係と権利・義務

― モデルケース 8 ―

　Aは，BからB所有の中古車を，代金100万円で購入する契約をしたが，Bは，約束の引渡期日を経過しても，Aにその車を引き渡さない。

1　社会関係の1つの側面としての法律関係

　人は，さまざまな状況のなかで他人と接触し，社会的な関係をもちながら生活している。そこには，多様な利害やときには愛憎が絡まったりもするが，両者の関係を法的な側面からみた場合，その関係を法律関係とよんでいる。モデルケースでも，AとBの両者は，中古車の売買取引という1つの経済関係にある。Bがその中古車を約束に反して引き渡さない場合，買主Aは売主Bに対してどのような法的主張ができるか，という問題が生じる。このようにして，両者の関係は，社会関係の1つの側面である法律関係（ここでは契約関係）としてとらえられることになる。

2　法律関係は権利と義務に分解される

　モデルケースのAとBとの契約関係をみると，AはBに対してこの中古車の引渡しを請求できる権利をもち，BはAに対してそれを引き渡す義務を負担している（555条）。ここでのトラブルは，Bがこの義務を守らないためにAの権利が実現できていないということにある。他方では，BはAに対して代金100万円の支払を請求できる権利をもち，AはBに対してその支払義務を負担している。すべての法律関係は，このように権利と義務とに分解され

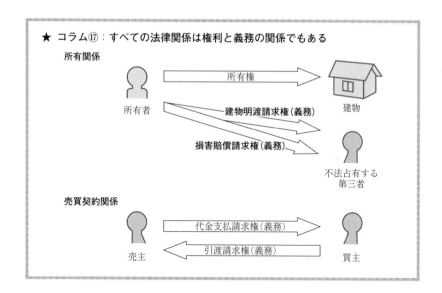

★ コラム⑰：すべての法律関係は権利と義務の関係でもある

所有関係

所有権

所有者　　　　　　　　建物明渡請求権（義務）　　　建物

損害賠償請求権（義務）

不法占有する
第三者

売買契約関係

代金支払請求権（義務）

売主　　引渡請求権（義務）　　買主

る（**コラム⑰**を参照）。

3　国家の強制力による実現の保障

　この権利という言葉は，日常的には色々な局面で使われる。法的には，最終的に国家によってその実現が保障されているという点が決定的な要素である。たとえば，Aの請求にもかかわらず，Bがこの中古車を引き渡さない場合には，Aは訴えを提起して，裁判によってその引渡しの命令（判決）を得ることができる。それでもBが引き渡さない場合には，その判決に従い裁判所によって強制的にそれを実現（強制執行）してもらうことができる（**コラム⑱**を参照）。権利は，このようにして国家によって，その実現が保障されているのである。義務は，この権利に対応するもので，一定の拘束や負担を意味し，最終的には国家によってそれに服するように強制される。権利と義務はこのように表裏をなすものだが，民法では，積極的な側面である権利を中心に整理するのが通常である。私権というのは，私法上の権利という意味で，公法上の権利（公権）に対する用語である。

第2節 私権の分類

1 私権は利益と作用の側面をもつ

　私権は，基本的には，2つの側面を有する。1つは，それによって得られる利益（内容）の側面であり，もう1つは，それを実現するために権利者に与えられた力（作用）の側面である。たとえば，AがBに対して売買の目的物である中古車の引渡しを請求することができる場合，Aの権利は，中古車を入手してその使用等ができるという利益（内容）の側面と，AがBに対して引渡しを請求することができるという力（作用）の側面がある。

　利益の側面からは，それが権利者にどのような生活上の利益をもたらすか，侵害された場合にどのような保護を受けるか，あるいは，1つの財産権としてそれを他人に譲渡できるか，などが問題となる。作用の側面からは，その権利はどのようにして実現される（行使される）のか，実現が妨げられた場合にその救済のためにどのような手続が準備されているか，ということが問題となる（**コラム⑲**を参照）。

　私権については，さまざまな観点に基づいた分類がされる。以下の説明では権利の内容の側面からの基本的な分類を概観するにとどめる。

2 人格権と財産権——内容による分類

　私権は，その内容からみると，人格権と財産権に大別される。

人 格 権

人格権は，人格的な利益をその内容とするもので，生命，身体，自由，名

　権利は，最終的には，裁判や強制執行などの法的手続を通じて，実現される。権利者であっても，自分の実力でもって権利を実現すること（自力救済という）は，原則として違法である。自力救済は，きわめて例外的な状況にある場合にのみ許されるにすぎない。

　最高裁判決によると，法律に定める手続によったのでは，権利に対する違法な侵害に対抗して現状を維持することが不可能または著しく困難であると認められる緊急やむを得ない特別の事情が存する場合においてのみ，その必要の限度を超えない範囲内で，例外的に許される。

【支配権と請求権】

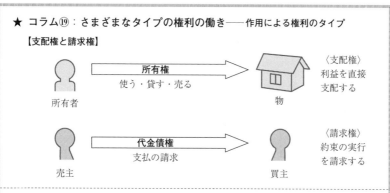

【作用のあり方からみると】

　権利は，作用のあり方からみると，所有権のような「支配権」と，物権的請求権や売買代金債権のような「請求権」とに大別される。

　しかし，たとえば，契約違反の場合の解除（540条以下）という権利はどうか。これは，「支配権」とも「請求権」とも違う。法律関係を形成する（解除の場合は消滅させる）ための権利である。契約の取消権や撤回権などとともに「形成権」というタイプに属する。それ自体が何らかの利益を対象とするものでなく，もっぱら手段としての機能をもつ。

　民法をさらに勉強していくと，同じく手段的な性格をもつものとして，財産を処分するための「財産管理権」（たとえば代理権）や請求権の効力をストップさせるための「抗弁権」（たとえば，買主が売買代金を支払うまで商品は渡さないという売主の権利，533条）などとよばれるタイプの権利が登場し，それぞれの特質を学ぶことになる。

誉，貞操，プライバシー，氏名，肖像などの利益に関する権利がこれに属する。人格権は，その権利主体の人格と結合している権利だから，原則として，取引や相続の対象とはならない。

財 産 権

　財産権は，経済的な利益を内容とする権利である。すでに学んだように，民法は，財産法を物権法と債権法とに分けるシステムを採用している。具体的には，所有権・抵当権・契約や不法行為に基づく債権などが財産権に含まれる。さらに，特許権・商標権のような知的財産権もこれに属する。財産権としての性格をあわせ持つ人格権もある（**コラム⑳**を参照）。財産権は，もちろん，取引や相続の対象となる。

身 分 権

　人格権あるいは財産権とは，やや異なる内容の権利の類型として，身分権とよばれる権利がある。この身分権は，親子であるとか，夫婦であるとかの家族法上の一定の地位に関する利益をその内容とする権利で，親権（818条）や夫婦の同居請求権（752条）などがこれに属する。身分権は，必ずしも権利者の利益を内容とするにとどまらず，たとえば，親権は，親としての判断に国家を含む他人から口出しされない点で権利であるが，子の利益を図る親の義務ともいえる。身分権は，その身分上認められる権利だから，もちろん，それ自体は，取引や相続の対象とはならない。

第3節　私権行使についての原則

1　権利の行使も一定の制約を受けることがある

　たとえば，土地の所有権は地上にも地下にも及ぶ（207条）からといって，ある工場の所有者がその敷地の地下水を無制限に汲み上げると，周辺の土地の所有者は地下水の不足に困るかもしれないし，場合によっては，周辺の土地の地盤沈下を招くおそれもある。

　たしかに，権利は，国家によってその実現が保障されている，権利者に与えられた地位である。しかし，権利の絶対性を強調し，その行使によって仮に他人に害悪が生じても許されるとすることは妥当でない。個人を尊重し私権を保護することが最も重要ではあるが，今日では，個人も社会の一員であり，私権の行使もその社会性から一定の制約に服するものと考えられるようになってきた。

　民法1条は，このような観点から，私権の行使に関して，公共の福祉，信義誠実の原則，権利濫用禁止に関する規定を置いている。この条文は，1947

年の民法改正に際して追加されたものである。信義誠実の原則，権利濫用禁止の規定は，昭和の初め頃から学説や判例で徐々に支持され確立されてきた法理を成文化したものである。

2　公共の福祉の原則

民法1条1項は「私権は，公共の福祉に適合しなければならない」と規定している。これは，私権の内容およびその行使は社会一般の利益に反してはならない，ということを定めたものである。しかし，これを文字どおり私法上の法律関係の解釈規準とすると，民法の基本原理である所有権の絶対性や私的自治の原則などが根底から否定される結果ともなりかねない。したがって，この規定自体は，一般に，権利の社会性・公共性を宣言するにとどまるものと解されている。そして，実際に社会性・公共性からみて権利行使の制約が問題となるような場合には，判例や学説において成熟してきた信義誠実の原則や権利濫用禁止の法理などを適用して解決するべきである，とされている。

3　信義誠実の原則

モデルケース 9

　Aは，レンタル業者Bからビデオカメラを借りて利用してきた。返却期日に時間の都合がつかなかったので，会社の同僚であるCに返しに行ってくれるように依頼した。Cは，会社の帰路，Bの店に向かう途中，電車の中にそのビデオカメラの包みを置き忘れて，そのまま紛失してしまった。

信義誠実の原則の意味

民法1条2項は「権利の行使及び義務の履行は，信義に従い誠実に行わなければならない」と規定している。これは，権利者と義務者は，相互に，一

般に期待される信頼を裏切らないように誠実に行動するべきである，ということを意味する。この原則は，一般に，信義誠実の原則あるいは信義則とよばれている。これは，元々は契約関係における債務者の行動原理として機能してきた原則であるが，民法では，契約関係にとどまらず，しかも義務者にとどまらず，すべての法律関係の当事者の行動原理として規定されるに至っている。

信義誠実の原則の役割

モデルケースをみてみよう。民法の条文どおりに考えると，AがBにビデオカメラを返却することができないときは，原則として，BはAに対して損害の賠償を請求することができる。例外的に，返還不能がAの責めに帰することができない事由（免責事由）によるものであるときは，Aは免責される（415条1項）。

Aが同僚のCに返却を頼んだことはどう評価されるだろうか。Aは，本来は自分がしなければならないことをCに頼んでいる。Aが，Bに対して「返却できないのはCのせいであるから話はCとしてくれ」というのは，明らかに社会常識から外れている。このようなときに信義誠実の原則が登場する。すなわち，Aの手足となって債務の履行を補助する者（履行補助者）であるCに過失があるときには，Cの過失は「信義則上」Aの過失と同視されるべきである（履行補助者の過失の法理とよばれる）。それゆえ，免責事由は認められず，Aは原則どおりに損害賠償義務を負う。

このように，信義誠実の原則は，法律の規定を明確化し具体化したり，あるいは，それを修正したりする際の規準とされる。また，民法その他の法律に明文の規定がない場合に，それを補充する際の規準としても用いられる。さらに，この原則は，法規定の解釈の規準としての役割を越えて，例外的ではあるが，解決を求められている事案の結論そのものの妥当性を理由づけるために，用いられる場合もある（45頁の**コラム㉑**の整理も参照）。

4 権利濫用禁止の原則

モデルケース 10

　Ａは，Ｂの運転する自動車にはねられ負傷し，損害賠償請求訴訟にお
いて仕事ができなくなったとの認定のもとに，2000万円を支払えという
判決を得た。Ｂは，その支払ができずそれを苦に自殺した。判決の５年
後，Ａは，予想外の回復を示し，仕事に復帰して，事故前と同じ収入を
得られるようになっていた。にもかかわらず，Ａは，上記の判決に基づ
き債権を回収しようと，Ｂの相続人である老母Ｃの住む家を差し押さえ
て競売しようとした。

権利濫用禁止の意味

　民法１条３項は「権利の濫用は，これを許さない」と規定している。権利
濫用禁止の原則とよばれるものである。権利者がその権利を行使することが
できることはいうまでもない。他方，認められた権利以上の利益の取得が許
されないことも当然である。形式的には権利の行使にあたるとみられるが，
具体的なその行使の状況を考慮すると正当な権利行使とは認められない例外
的な場合において，この権利濫用禁止の規定は，そうした権利行使を制約す
るための法理である。

権利濫用禁止の原則の役割

　本節冒頭（41頁）の地下水の過剰な汲上げの事例のように，権利の内容に
ついて民法その他の法律に明文の規定がなかったり，それがあいまいである
場合に，権利濫用禁止の原則は，法解釈の規準として，権利の範囲または行
使を制約する際の論拠として用いられることが多い。もっともこれ以外の用
いられ方もある。

　モデルケース10をみてみよう。たしかに，ＡはＣに対して損害賠償請求権

を有し，しかも，判決を得てそれを強制執行できる地位も確保している。しかし，Aの強制執行が判決を得てから5年を経過していること，Aの後遺症が予想外に軽かったこと，Cが直接の加害者でなくその相続人であること，差押えの対象が高齢者Cの住宅であること，などを考えると，相続を放棄してBの債務を引き継がないという方法がCにはあったことを考慮しても，このままAの権利行使を認めることは，ためらわれる。そこで，Aの権利行使を制約するための1つの法的な手段として，このような事情のもとでAの主張する強制執行は権利濫用にあたり許されない，とすることが考えられる。

　権利濫用禁止の規定は，このように法解釈の規準としての役割を越えて，法適用の具体的結論を妥当なものとするために用いられる場合も少なくない。

ケースのなかで 1　「温泉を引く管を取り除け」は無理（宇奈月温泉事件）

　鉄道会社Yは，温泉を木管で引いて宇奈月温泉（富山県）で温泉事業を営んでいた。その木管が誤って他人の土地の一部を通って敷設されていた。その土地を安く買い受けたXは，Yに対して，木管の撤去とその土地への立入禁止を求めた。裁判所は，所有権に対する侵害がある場合でも，その損害が僅少であり，反対にその除去に莫大な費用を要する場合，それに目をつけた第三者がその土地を買い取り，侵害者に法外な値で売りつけて，それに応じなければ侵害を除去せよと主張するのは，社会観念上所有権の目的に反しその機能として許されるべき範囲を越えており，権利の濫用にほかならないとして，Xの請求を認めなかった。

《所有権侵害，権利の濫用……大判昭10年10月5日》

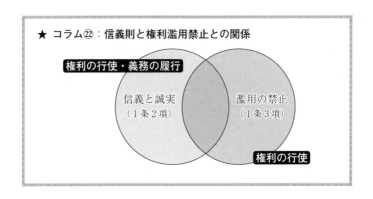

★ コラム㉒：信義則と権利濫用禁止との関係

権利の行使・義務の履行

信義と誠実
（1条2項）

濫用の禁止
（1条3項）

権利の行使

5 2つの原則の適用関係

　信義誠実の原則は，権利者と義務者は相互の信頼を前提とするものであるから，その適用は，契約関係のように当事者間になんらかの具体的な関係が存在することを前提とする法理である，といえよう。これに対して，権利濫用禁止の原則は，とくにそのような関係がない場合（物権関係など）に作用する法理である。

　もっとも，信義誠実の原則は，規定の文言からみてもわかるように，義務の履行にかかわるだけでなく，権利の行使に際しても適用される。したがって，この原則が，権利の行使を制約する方向で働く場合には，権利濫用禁止の原則と競合することも生じうる（**コラム㉒の図解**）。その結果，同じような事案で，その一方だけを用いて権利行使を制約する結果を導くことも，両方を併せて適用して解決することも起こりうる。しかし，このことをとくに問題にする必要はない。

第**3**章　人

　「人」と「人」とが契約を結ぶ。その結果，その「人」が，たとえば，売買契約を締結すれば，一方は対価としての金銭を取得し，他方は目的物の所有者となる。あるいは，交通事故で損害賠償請求権を取得するのも「人」であり，その義務を負うのも「人」である。法律関係では，いうまでもなく，「人」の権利と義務とが問題となる。

　私たちは，一体，いつからいつまで，この権利・義務の担い手である「人」として扱われるのだろうか。また，私たちは，誰でも，「人」として，買主や売主となり有効に所有権や代金債権を取得できるのだろうか。この章では，「人」の権利や義務の帰属する資格（権利能力）の問題と，契約など法律行為を有効にできる能力（意思能力と行為能力）の問題を，まとめて整理する。

第1節 権利者や義務者としての「人」──権利能力

1 権利能力（法的人格）というとらえ方

　一般に契約関係とか親子関係とかいう場合，そこでは人と人との関係が問題となっている。実は，すべての私法上の問題は，いずれの場合でも，人と人との関係あるいは人と財産との関係として理解できる。このように，人を中心にしてみると，法的な関係は，誰かの権利あるいは誰かの義務という形に分解される。ここでは，そのような権利や義務の帰属主体となりうる地位あるいは資格（法的人格）の問題に焦点をあてて検討する。この資格を権利や義務の帰属主体となりうる能力という観点からみて，「権利能力」という。

2 権利能力はすべての人に平等に

　このような意味をもつ法的人格あるいは権利能力を問題とする場合，私たちの社会では，その構成員，すなわち，すべての「人」にそれが備わっていることは自明のことであり，議論の余地はないかにみえる。

　民法3条1項は「私権の享有は，出生に始まる」と規定している。言い換えれば，「人は出生したならば，私法上の権利・義務の主体となりうる」ということである。この規定は，誰でも「出生する」という要件さえ満たせば，人としてすべて同じように法人格が与えられる，ということを宣言するものである。このことは，たしかに私たちの社会では自明のことではある。しかし，歴史的にみると，たとえば奴隷制社会ではもちろんのこと封建制社会においても，このように，すべての「人」に等しく法人格が与えられていたわけではない。自由平等を理念とする近代市民社会が誕生してはじめて，この

ように，すべての「人」に等しく法的人格が与えられるに至ったのである（憲法14条参照）。

3　人はいつから人なのか──権利能力の始期

　民法3条1項は，法人格についての個人の平等を宣言するとともに，その法人格が与えられるのは「出生したときから」である，ということを明らかにしている。人は一定のプロセスを経て誕生するわけであるから，この規定の「出生」とはそのプロセスの中のどの時点を意味するのかをつめておく必要がある。この時点については，いくつかの考え方があるが，分娩の完了した時，すなわち胎児が母体から完全に露出した時点とする説（全部露出説）が支配的である。

　なお，出生については，生後14日以内に届け出なければならない（戸籍法49条）が，この届出の有無は権利能力の取得そのものとは関係しない。

4　胎児は相続できないか──胎児の権利能力

　権利能力の始期は出生した時点であるから，胎児は権利能力を有しない。しかし，その原則を貫くと不都合な結果が生じる場合がある。たとえば，胎児が母の胎内にある間に父が死亡した場合，すでに存在している兄や姉にあたる者には相続権があるのに，その胎児は，父の死亡の時（相続開始時）に出生していなかったとして，相続できないことになってしまう。そこで，民

法は，相続や損害賠償請求権等については，例外的に「既に生まれたものとみなす」ことによって，胎児が権利・義務の帰属主体となりうることを定めている（721条・886条・965条等）。

　胎児に権利能力が認められるとはいえ，それは，権利や義務が生じる要件となる事実が胎児である間に生じたとしてもその帰属主体となりうるという意味にとどまるから，もちろん，権利能力をもつためには，実際に生まれてくることが要件となる（886条2項等参照）。そうすると，胎児である間のその法的地位が問題となる。それについては，2つの考え方がある。判例は，胎児である間にただちに権利者となり義務者となるのではなく，生まれてきたら問題となる事実（たとえば父の死亡）が発生した時期に遡って権利能力を有したことになると解している（停止条件説）。これに対して，学説では，問題となる事実が発生すれば胎児のままでただちに権利者となり義務者となり，もし死産であったら，はじめから権利能力がなかったことになるとする立場（解除条件説）が有力である。

> **ケースのなかで 2　胎児に代わって示談ができるか**（阪神電鉄踏切事故事件）
>
> 　A男とB女とは事実上の（婚姻届を出していない）夫婦として同棲していたが，Aは電鉄会社Y（阪神電鉄）の踏切を横断中に電車にはねられて死亡した。Xは，Aの死亡当時Bの胎内にあった。Yは，事故の後Xの出生前に，BおよびAの親族等と示談をして，その総代であるAの父に弔慰金を渡し，今後本件に関し一切の請求をしないことを約束させた。Xが出生後，XとBとは，財産上・精神上の損害を受けたとして，Yに対して損害賠償を請求した。裁判所は，Bの請求権は，上記の和解契約により消滅しているが，Xの請求権については，胎児の権利能力は出生した場合に遡って認められるのであり，出生前にその請求権は処分できないから，和解契約の効力はXには及ばないとした。
>
> 　　　《権利能力・胎児・停止条件・損害賠償・示談……大判昭7年10月6日》

　臓器移植のために脳死の判定がされるのはどのような場合か。また，脳死の判定は，どのような基準に基づいてされるのだろうか。臓器の移植に関する法律および同法の「施行規則」によれば，判定の対象および判定の基準は以下のとおりである。

【判定の対象】　臓器を提供する意思と脳死判定に従う意思を書面で生存中に表示している者であり，遺族が摘出および判定を拒まないとき。あるいは，臓器提供に関する本人の意思は不明であるが遺族がこれを承諾し，本人が脳死判定の拒否の意思表示をしている場合を除き，遺族が脳死判定を行うことを書面により承諾するとき。なお，15歳以上の者は臓器提供の意思表示を有効にすることができる（ガイドライン）。また，15歳未満の者についても，遺族の書面による承諾があれば，臓器提供が可能である。

【判定基準】　①　深昏睡　　②　瞳孔が固定し，瞳孔径が左右とも4mm以上であること　　③　対光反射・角膜反射・毛様脊髄反射・眼球頭反射・前庭反射・咽頭反射・咳反射の消失　　④　平坦脳波　　⑤　自発呼吸の消失

　以上の状態が確認され，6時間経過後にそれらが再確認されること。なお，自発運動や所定の刺激に対する反応やけいれんがないことを要する。

5　人はいつまで人なのか──権利能力の終期

　人は死亡によって権利能力を失う。死亡によって相続が開始し（882条），相続によってその人に属した一切の権利義務は相続人に移転する（896条）。「出生」の場合と同様に，ここでも「死亡」の時点が問題となる。伝統的には，死亡とは心臓の永久的な停止（心臓死）であると解されてきた。これに対して，近時，とくに刑法上の問題を中心にして，いわゆる「脳死」を人の死と認めるべきであるという主張が有力となってきている。20世紀末に制定された「臓器の移植に関する法律」（1997年10月施行）では，「脳幹を含む全脳の機能が不可逆的に停止するに至ったと判定された者の身体」を「脳死した者の身体」といい，そこから臓器を摘出して移植することを認めるに至っている（同法6条1項・2項）。

6　複数が死亡した場合その順位──同時死の推定

　人が死亡した時点を明確にすることは，とくに相続と関連して重要な意味

をもつ。ところが，自動車事故や航空機事故等では，複数の者が1つの事故に遭遇し彼らの死亡した順番が定かでない場合も少なくない。そのように，死亡したことが確実な複数の者の間でその死亡の時期の早い遅いが証明できない場合には，それらの者は同時に死亡したものと推定される（32条の2）。その場合，相続に関していえば，死亡した者相互間では相続が生じないことになる。

7　生死不明の場合はどうなるのか――失踪宣告

失踪宣告という制度

　たとえば，ある男性が出稼ぎのため郷里を離れたが，ある時点からまったく音信不通になり，何年も生死不明の状態が続いている場合を想定してみよう。残された家族は，いつまでも彼の帰りを待って，その財産を管理し続けなければならないのだろうか。彼の妻は，いつまでも彼を夫として生活し続けなければならないのだろうか（770条1項3号も参照）。このような場合，家庭裁判所は，一定の要件のもとで，その男性を死亡したものとみなす宣告（失踪宣告）をすることができる，とされている（30条）。これによって，郷里に残された彼の財産については相続が開始し，妻は再婚して新たな生活を始めることができるようになる。これが，失踪宣告という制度である。

失踪宣告が認められる2つの場合とその効果

　失踪宣告は，配偶者や相続人となる者などの利害関係人の請求に基づいて，家庭裁判所が行う。それには次の2つの場合がある（30条）。第1は，不在者の生死が7年間以上わからないままである場合（普通失踪）である。第2は，戦地に臨んだ者，沈没した船舶に乗っていた者など，死亡の原因となるような危難に遭遇した者の生死が，戦争が終わる，船舶が沈没する等その危難が去ってから1年間以上わからないままである場合（特別失踪）である。

　失踪宣告がされると，その者は死亡したものとみなされるから，相続が開始しその財産は相続人に承継され，婚姻は解消され，配偶者は再婚できるよ

失踪の宣告及びその取消し新受件数（全家庭裁判所）

受件年	1949	1955	1965	1975	1985	1995	2005	2015	2021
受件数	1433	1792	2890	3013	2280	2447	2488	2596	2082

（『司法統計年報3家事編』令和3年版による）

★ コラム㉖：人の住所と不在者の財産管理

【住　所】

　借金はどこで弁済すればよいのか（484条1項：債権者の住所），訴訟はどこの裁判所でするのか（民事訴訟法4条1項・2項：被告の住所）など，さまざまな法律関係で，人の「住所」が基準となっている。それでは，住所とは何か。民法では，住所は各人の生活の本拠であるとされている（22条）。住所が確知できない場合や日本に住所がない場合には，ホテルなど当面生活している場所（居所という）が住所とみなされる（23条1項・2項本文）。また，たとえば，当事者の合意で，特定の取引についてある場所を選定してそこを住所とすること（仮住所という）も認められている（24条）。

【不在者の財産管理】

　従来の住所または居所を去って行方のわからない者を不在者という。その場合，まず，その財産を誰がどのように管理するのかが問題となる。民法は，不在者の財産管理に関し，家庭裁判所の関与および財産管理人の職務と権限について規定している（25条～29条）。また，不在者の生死不明の状態が長期間続く場合については，すでに，本文で学んだように，失踪宣告という制度が準備されている（30条～32条）。

うになる。死亡したものとみなされるのは，失踪宣告のあった時点からではなく，普通失踪の場合は7年間の期間満了の時であり，特別失踪の場合は戦争終結等その危難が去った時である（31条）。

失踪宣告の取消しとその効果

　失踪宣告がされた後に，失踪者が生存していることがわかった場合には，その失踪していた者を当事者とする法律関係も復活させなければならないだろう。また，失踪宣告による死亡の時点とは異なる時点に死亡したことがは

っきりした場合には，その時点を死亡時としてあらためて相続等の法律関係を整理し直す必要が生じるであろう。これらの場合，家庭裁判所は，本人または利害関係人の請求によって失踪宣告を取り消さなければならない（32条1項前段）。

　この取消しによって，失踪宣告は，はじめからなかったことになるので，それによる相続の開始や婚姻の解消等もなかったことになる。しかし，この原則をそのまま貫くと，失踪宣告によって一旦始まった新たな法律関係に混乱をもたらすことがある。そこで，民法は，この原則に対して，次の2つの修正ルールを設けている。第1に，失踪宣告によって直接に財産を得た者（相続人等）は，その財産を失うが，その返還義務は，取得した財産全部ではなく現に利益を受けている限度（現存利益）でよい（32条2項）。たとえば，失踪宣告によって土地を相続した者は，その土地を返還しなければならないが，その土地を売却してその代金を一部海外旅行等で使ってしまった場合には，その残金を返還すればよい。もっとも，その者が，失踪者の生存を知っていた場合には，不当利得の規定に従って，取得した財産全部に利息を付けて返還しなければならない（704条）。

　第2に，失踪宣告後に失踪者の財産を取得した者，たとえば，失踪宣告により相続された土地を買い取った者（転得者）が，失踪者の生存を知らなかった（善意の）場合，失踪宣告の取消しはその転得者に対しては効力を生じない（32条1項後段）。すなわち，その転得者はその土地を返還しなくてよい。

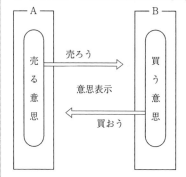
第2節　取引行為者としての「人」──意思能力と行為能力

1　人はなぜ契約を守らなければならないのか

　たとえば，売買契約を締結すれば，売主は目的物を引き渡さなければならないし，買主は代金を支払わなければならない（555条）。それは，相互に「売ろう」「買おう」という意思表示をしたからである。しかし，たとえば，5歳に満たないような幼児とそのような意思表示を交わしても，それによってその幼児が売買契約上の義務を負担するなどとは誰も考えないであろう。

それはなぜか。その幼児に対しては，「あなたは自分の意思でそのように決断したではないか」と迫ることはできない，と考えられるからである。すなわち，約束を守れという場合には，その人が一定の判断能力をもってそのように決断したことがその基礎となっている。

2 意思能力と行為能力

意 思 能 力

契約の拘束力の基礎として要求される能力とは，「自己の行為の結果を認識し判断できるだけの精神的な能力」であり，それが「意思能力」である。意思能力が欠けている場合，契約が締結されてもその契約は無効である（3条の2）。これは，契約の締結に限らず，取消権や解除権の行使（単独行為）や会社の設立行為（合同行為）等の場合も同様に考えられている。

行 為 能 力

たしかに，意思能力がない場合にはその行為は無効であるとすることで，意思能力を欠く者は保護される。しかし，行為の当時に意思能力が欠けていたことは，行為者自身がそれを主張し証明しなければならない。それは，実際上至難のことであり，それが，この方法による保護の問題点である。逆に，その取引の相手方にとっても，意思能力の有無がはっきりしないために，予想外の損失を被るおそれもある。このように，「意思能力を欠く場合は無効である」としても，それだけではうまく機能しない。

そこで，未成年者と判断能力が不十分な成年者について，契約などの法律行為を単独で行う能力をある範囲に制限し，それによってそれらの者を画一的に保護するという方法が求められることになる。この要請に基づいて生まれたのが，「行為能力の制限」の制度である。この制度によって単独では確定的に有効な法律行為ができないとされる者を「制限行為能力者」という。この制度からすると，逆に，成年者には，通常の場合，契約などの「法律行

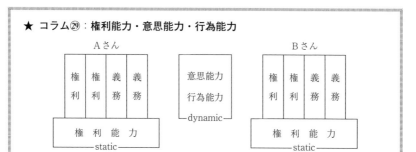

★ コラム㉙：権利能力・意思能力・行為能力

【権利能力】
権利や義務の帰属点（主体）となりうる，誰にでも備わっている資格（地位）。
【意思能力】
権利を取得したり義務を負担したりする行為（契約等）をした時それが有効とみられるだけの，その人のその時の認識・判断力。
【行為能力】
権利を取得したり義務を負担したりする行為（契約等）を，単独で有効にできる，通常，人に備わっている資格。
　未成年者等については，単独で完全に有効な行為をすることが制限され，制限行為能力者とよばれる。行為能力という概念は，この制限行為能力者制度との関連でのみ使われる。

為を単独で完全に有効に行うことができる資格」が備わっていることになる。そこで，その資格を「行為能力」とよんでいる。単に「能力」という場合は，権利能力や意思能力ではなく，この「行為能力」を意味することが多い。

第3節　行為能力の制限

1　行為能力の制限による保護の仕組み

保護の仕組みの構成

　判断能力が不十分な者を取引上保護するための法的な仕組みは，次のような構成をとる。①保護の必要の程度に応じて類型化する。②類型化されたグ

ループごとに，単独では（確定的に有効に）できない法律行為のタイプを規定する。③そのタイプの法律行為を単独で行った場合に，本人またはその保護者はその行為を取り消して無効とすることができるようにする（追認して確定的に有効にすることもできる）。このような構成によって，判断能力が不十分な行為者は，その契約を締結する以前の財産状態に戻ろうとすれば戻ること（原状回復）ができる。

保護されるグループ——未成年者と3つのタイプの成年者

　制限行為能力者として保護されるのは，第1に，「未成年者」のグループである。満18歳（4条）に達しない者は当然にこのグループに入る。第2は，「成年後見制度」によって保護される，判断能力が不十分な成年者のグループである。

　成年者については，保護の態様につき，保護の程度の高いほうから順に，「後見」，「保佐」および「補助」の3つを区別する。そして，それによって保護される者を，3つの保護の態様に即して，それぞれ，「成年被後見人」，「被保佐人」および「被補助人」とよぶ。この区別は，「事理を弁識する能力」について，後見ではその「能力を欠く常況」（7条）にあるか，保佐ではその「能力が著しく不十分」（11条）であるか，補助ではその「能力が不十分」（15条）であるか，という基準によって判断される。いずれについても，本人，配偶者，四親等内の親族，検察官等の一定の者の請求により，家庭裁判所の「開始の審判」があってはじめて，制限行為能力者として扱われ，その保護を受ける。

　「開始の審判」があった後，保護の必要とされる原因がなくなれば，同様の手続を経て，「開始の審判」が取り消される（10条・14条1項・18条1項）。これらの審判における判定方法（鑑定の要否等）については，いずれも家事事件手続法によって定められている。

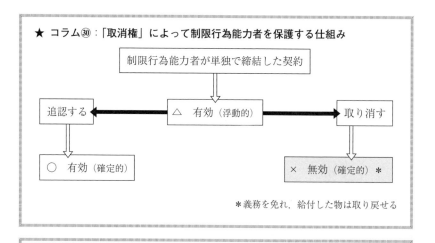

★ コラム㉚：「取消権」によって制限行為能力者を保護する仕組み

制限行為能力者が単独で締結した契約

↓

追認する ← △ 有効（浮動的） → 取り消す

↓ ↓

○ 有効（確定的）   × 無効（確定的）＊

＊義務を免れ，給付した物は取り戻せる

★ コラム㉛：制限行為能力者として保護される未成年者と3つのタイプの成年者

◇ 未成年者

　　満18歳に満たない者　　　　（4条）

　　　　　　　　　　　〔法律上当然〕

① 判断能力を欠くことが常況の者

　　＆ 家庭裁判所の開始の審判（7条）

② 判断能力が著しく不十分な者

　　＆ 家庭裁判所の開始の審判（11条）

③ 判断能力が不十分な者

　　＆ 家庭裁判所の開始の審判（15条）

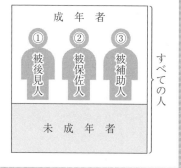

成　年　者

① 被後見人　② 被保佐人　③ 被補助人

未　成　年　者

すべての人

2　未成年者の行為能力の制限

未 成 年 者

　人は満18歳で成年となる（4条）。満18歳未満の者を未成年者という。意思能力を「自己の行為の結果を認識し判断できるだけの精神的な能力」というならば，未成年者であっても，一定の年齢を過ぎれば，通常そのような能力は備わっているといえる。しかし，未成年者は，一般的には，社会経験も乏しく未成熟であり，取引等において十分に対応する能力があるとはいえない。そこで，民法は，未成年者を一律に制限行為能力者として保護している

のである。

未成年者の行為能力

　未成年者が有効に法律行為をするには，両親等，法定代理人の同意を得ることが必要である（5条1項本文）。あらかじめ同意があれば，未成年者の法律行為は完全に有効である。また，単独で（法定代理人の同意なしに）法律行為をした場合でも，事後的に法定代理人等が追認すれば，同様に初めから完全に有効な行為となる（122条）。

　未成年者が，単独で法律行為を行い，しかも追認がされない場合，未成年者および法定代理人は，その行為を取り消すことができる（5条2項・120条）。取消しの意思表示をすると，その行為は最初から無効だったことになる（121条）。無効となると，すでに一方あるいは双方が履行済みであった場合には，それぞれ返還する義務を負う。しかし，制限行為能力者の場合には，自らは現に利益を受けている限度で（現存利益）返還すればよいとされている（121条の2第3項後段，158頁参照）。

未成年者が単独で有効になしうる行為

　法定代理人の同意を得ていない未成年者の法律行為は原則として取り消せるが，例外的に，単独で有効に行える（取り消せない）いくつかの場合が定められている。①未成年者が単に利益を得，あるいは義務を免れるにすぎない行為。たとえば，負担のない贈与を受ける場合（5条1項ただし書）。②法定代理人が目的を定めて処分を許した行為。たとえば，下宿生が生活費として渡された金銭で飲食をする場合（5条3項前段）。③法定代理人が目的を定めずに処分を許した行為，たとえば，与えられた小遣いで好きな本を買う場合（5条3項後段）。④法定代理人によって営業を許された場合にその営業に関して行う行為（6条1項）。以上4つの場合である。

★ コラム㉜：18歳・19歳が悪徳商法のターゲットになる懸念

　2018（平成30）年の民法改正（2022年4月施行）により，成年年齢は20歳から18歳に引き下げられ（4条参照），女子の婚姻年齢は16歳から18歳に引き上げられた（婚姻年齢は男女ともに18歳となった。731条参照）。これにより，成年年齢，婚姻年齢および選挙権を有する年齢（公職選挙法9条参照）は，すべて18歳になった。

　しかし，成年年齢の引き下げに伴い，消費者被害が広がることが心配されている。というのも，18歳といえばまだ高校生であることも多く，取引社会における経験が少ないために，悪徳商法を見抜く力が十分に備わっていない者も多数存在する。未成年であれば，法定代理人の同意を得ずにした法律行為は取り消すことができるが（5条1項・2項），成年になるとそれができなくなる。そこで，悪質な業者は，取消権が使えないことにつけこんで，成年になったばかりの者に悪質な取引をもちかけてくるのである。これまでも，20歳になった大学生が狙われることが問題とされていたが，今後は，18歳や19歳の若者もターゲットになることが懸念されている。被害を防ぐためには，消費者教育はもちろん，未熟な成年が被害に遭わないようなルールづくりが望まれる。

★ コラム㉝：禁治産者制度から成年後見制度へ

　民法は，かつては，判断能力の不十分な者を禁治産者と準禁治産者の2つのグループに分けてその保護を図っていた。これに対しては，たとえば，保護の必要性の程度は多種多様であるのに，2つの区分では不十分であるとか，「禁治産」という用語に差別的な響きがあるなど，種々の問題点が指摘されてきた。また，障害のある人も家庭や地域社会で通常の生活ができるようなシステムを構築しようとする「ノーマライゼーション」という考え方が地球規模で共通のものとなってきた。そこでは，財産上の保護だけではなく，本人の「自己決定の尊重」という理念的な視点，あるいは，両者の調和という視点が強調されるようになった。

　このような背景のもと，介護保険制度の実施も契機となって，1999（平成11）年の民法改正により，制度を全面的に改めたのが，現在の成年後見制度である。

法定代理人とその権限

　未成年者の保護者は，親権者である父母である。父母いずれもがすでにいないか親権者となれない場合には，未成年後見人が指定あるいは選任され（839条・840条），その保護者となる。未成年者の法律行為について，法定代理人の同意（5条1項本文）とか法定代理人の追認（122条）とかいう場合，それは，この親権者もしくは未成年後見人の同意あるいは追認を意味する。法定代理人は，未成年者の行為について取消権，同意権，追認権を有するだけでなく，未成年者の代理人として，その財産管理をする権限をも有している（824条・859条）。そこで，親権者や未成年後見人が法定代理人とよばれるのである。

3　成年後見制度⑴──成年被後見人

後見開始の審判

　「精神上の障害により事理を弁識する能力を欠く常況」にある者については，本人，配偶者，四親等内の親族，検察官等の一定の者の請求により，家庭裁判所が後見開始の審判をすることができる（7条）。その申立てに本人の同意は不要である。審判の際に保護者として「成年後見人」が選任され，この審判を受けた本人を「成年被後見人」という（8条・843条1項）。「精神上の障害」とは，知的障害および精神障害等（認知症も含む）を意味する。「事理を弁識する能力を欠く常況」とは，通常，判断能力を喪失している状態にあることである。

本人（成年被後見人）の行為能力

　成年被後見人（本人）が契約等の法律行為をした場合，その本人および成年後見人は，その行為を取り消すことができる（9条本文）。取消しの意思表示によって，その行為は無効となる。成年被後見人については，未成年者の場合と異なり，あらかじめ成年後見人の同意があっても，本人が単独で合理

★ **コラム㉞：後見人・保佐人・補助人には家庭裁判所が適任者を選任**

① 「本人も高齢者，配偶者も高齢者」ということも少なくない

夫婦の一方が後見開始の審判を受けた場合，配偶者がその後見人となるのは自然なことである。実際，かつての禁治産制度では，必ず配偶者が後見人にされていた。しかし，本人が高齢者であれば，その配偶者も高齢者である場合が多い。そこで，成年後見制度では，後見人・保佐人・補助人の選任については，家庭裁判所が個々の事案を精査して最も適任な者を選任することとしている（843条・876条の2・876条の7）。状況によっては，弁護士・司法書士等の専門家を選任することも可能である。

② 社会福祉法人等の「法人」が選任されることもある

家庭裁判所は，「法人」を後見人・保佐人・補助人として選任することもできる（840条3項・843条4項・876条の2第2項・876条の7第2項）。その選任にあたっては，その法人の事業内容や本人との利害関係等が審査される（840条3項等）。

★ **コラム㉟：後見開始の審判等の申立ては市町村長もできる**

後見・保佐・補助の開始の申立ては，民法上は，本人，配偶者，四親等内の親族，未成年者後見人，未成年者後見監督人等または検察官が行うものとされている。また，たとえば後見から保佐へと，保護のタイプを変更する場合には，後見人・後見監督人等も申立てができる（7条・11条・15条1項）。その他，たとえば，認知症の高齢者については，老人福祉法により，「その福祉を図るため特に必要があると認めるとき」には，市町村長（特別区の区長も含む）にも申立権が付与されている（同法32条）。知的障害者福祉法，精神保健及び精神障害者福祉に関する法律にも同旨の規定が置かれている。

★ **コラム㊱：成年後見人等が「複数選任」される場合もある**

成年後見の場合，本人の財産状況や生活状況に応じて，必要となる後見事務の内容は多様である。ときには，本人の日常生活の介護支援に関する事務であったり，ときには，法律的な専門知識を要する不動産の処分に関する事務であったりする。そこで，そのニーズに適切に対応するために，成年後見人等を「複数選任」することもできる（840条2項・843条3項・876条の2第2項・876条の7第2項）。複数の成年後見人等が選任された場合，その権限行使につき，それぞれ分掌して行使できるか共同行使すべきかについては，家庭裁判所が定めることとなっている（859条の2第1項等）。

的な行為を行うことは期待できないから，そのような同意は意味がないとされている。もっとも，事後的に成年後見人が追認すれば，その行為は初めから完全に有効な行為となる（122条）。

　一方，自己決定の尊重と本人の財産保護の調和という視点から，日用品の購入その他日常生活に関する行為については，本人の判断に委ねることとして，取消しの対象からは除外されている（9条ただし書）。

成年後見人の権限

　成年後見人は，本人（成年被後見人）が行った法律行為については，それが日用品の購入のような日常生活に関する行為である場合を除き，「取消権」を有する（9条本文・120条1項）。また，事後に，「追認権」を行使して，その行為を初めから完全に有効なものとすることもできる（122条）。後見の場合には，すでに触れたように，あらかじめ同意をしても意味がなく，したがって，成年後見人には「同意権」はない。

　成年後見人は，本人の財産に関するすべての法律行為について「代理権」を有しており（859条1項），本人の法定代理人でもある。

4　成年後見制度(2)——被保佐人

保佐開始の審判

　「精神上の障害により事理を弁識する能力が著しく不十分」である者については，後見の場合と同じく一定の者の請求により，家庭裁判所が保佐開始の審判をすることができる（11条）。保佐の申立てについても，本人の同意は不要である。保佐開始の際に保護者として「保佐人」が選任され，この審判を受けた本人を「被保佐人」という（11条・12条・876条の2第1項）。ここでの「精神上の障害」とは，後見の場合と同様に，知的障害および精神障害等を意味する。「事理を弁識する能力が著しく不十分」とは，後見の場合のように判断力を喪失しているとまではいえないが，判断能力が著しく不十分

★ コラム㊲：成年後見等は戸籍には記載されない

　後見の開始の審判等があると本人の行為能力が制限されるので，その相手方等の保護を考えると，その旨を公示する必要がある。そこで，「後見登記等に関する法律」により，法定後見（後見・保佐・補助）に関する所定の事項は，法務局等の指定の登記所に備えつけられた「後見登記等ファイル」へ記録するという方法で公示される（成年後見登記制度）。その開示は，本人およびそれを必要とする一定の限られた者の請求により，登記事項証明書等の交付によって行われる（任意後見も同様）。

　かつての禁治産者宣告等は戸籍に記載されていた。そのため，本人や家族等が，これを利用すること自体に躊躇する傾向があり，成年後見登記制度は，この点をも配慮したものである。

★ コラム㊳：未成年者の土地をその両親が賃借できるか（利益相反行為）

　たとえば，未成年者が祖父から遺贈された建物を，法定代理人である母が賃借して洋品店を開こうとする場合を考えてみよう。その際，家賃や賃借期間等の取引条件を決めるにあたって，未成年者とその母との利害が相反することになる。このように，未成年者と法定代理人の利益が相反する行為（利益相反行為）をする場合，親権者等の法定代理人の同意権や代理権は制限されて，特別代理人や後見監督人が指定あるいは選定され，その任にあたることになる（826条・851条4号）。

　利益相反行為は，成年後見制度でも，本人と成年後見人・保佐人あるいは補助人との間で起こりうる。民法は，その場合についても，未成年者の場合と同様の趣旨の規定をおいて，本人の保護を図っている（成年後見人の場合860条・849条・851条4号，保佐人の場合876条の2第3項・876条の3，補助人の場合876条の7第3項・876条の8）。

　なお，利益相反行為ではないが，「本人の居住用不動産の処分（あるいはそれに準ずる行為）」をする場合には，本人の心身の状態および生活の状況に対する十分な配慮が必要である。そこで，成年後見制度では，後見人等の保護者が本人を代理してこれを行う場合には，慎重を期して，家庭裁判所の許可を要するとしている（859条の3等）。

であることをいう。

本人（被保佐人）の行為能力

保佐の場合は，本人（被保佐人）が単独で確定的に有効にできない行為が，一定のタイプのものに限定されている。この点が，後見の場合と大きく異なる。本人は，まず，借財・保証，不動産その他重要な財産の売買，訴訟行為，相続の承認・放棄・遺産分割など，重要な財産行為である9つのタイプの行為について，保佐人の同意を要する（13条1項1号〜9号。これらの行為を制限行為能力者の代理人として行う場合にも，保佐人の同意が必要である（同項10号））。また，家庭裁判所は，この9つのタイプの行為に追加して，一定の者の請求により，とくにそれ以外のタイプの行為についても，保佐人の同意を要する旨の審判をなしうる（同条2項）。しかし，後見の場合と同様，日用品の購入その他日常生活に関する行為は，この追加しうる対象からは除外されている（13条2項ただし書・9条ただし書）。

保佐人の同意を要するこれらのタイプの行為を，本人がその同意なしに行った場合，本人も保佐人も，その行為を取り消すことができる（13条4項・120条1項）。

本人の利益を害するおそれがないのに保佐人が同意を与えないときには，本人の請求により，家庭裁判所は，保佐人の「同意に代わる許可」を与えることができる（13条3項）。その許可を得た行為は，本人が単独で確定的に有効に行うことができる。これは，本人の自己決定を尊重する趣旨に基づいて設けられた規定である。

保佐人の権限

保佐人は，その同意を要するタイプの行為を本人が同意なしに行った場合，その行為につき「取消権」を有する（120条1項）。また，事後に「追認権」を行使して，その行為を初めから完全に有効なものとすることもできる

★ コラム㊴：保護者の同意がないと取り消しうる行為の範囲（▒▒の部分）

① 未成年者

下記の行為を除くすべての法律行為（5条1項本文）

単なる権利取得 単なる義務免除 （5条1項ただし書）	処分を許された 財産の処分行為 （5条3項）	許可された営業 に関する行為 （6条1項）

② 成年被後見人

下記の行為を除くすべての法律行為（9条本文）

日用品の購入その他日常生活に関する行為（9条ただし書）

③ 被保佐人

重要な財産行為 （13条1項）＊1	家裁の審判で同意を要するとされ た特定の行為（13条2項本文）＊1

上記の行為を除くすべての法律行為

＊1 日用品の購入その他日常生活に関する行為を除く（13条1項ただし書・2項ただし書）

④ 被補助人

家裁の審判で同意を要するとされた特定の行為（17条）＊2

上記の行為を除くすべての法律行為

＊2 申立て当事者が重要な財産行為（13条1項）から，一部を選択（17条1項ただし書）

（122条）。

　被保佐人は，不十分ながらも一定の判断能力を有するから，保佐人は，当然には，「代理権」を有しない。しかし，本人の保護のために保佐人に代理権を与えることが必要な場合がある。そのような場合，家庭裁判所は，一定の者の請求により，特定の法律行為について保佐人に代理権を付与する審判をすることができる（876条の4第1項）。この場合，自己決定の尊重の観点から，本人以外の者が請求したときは，代理権の付与に本人の同意が要る（同条2項）。

5 成年後見制度(3)——被補助人

補助開始の審判

補助の制度は，軽度の精神上の障害のある者を対象とする。すなわち，「精神上の障害により事理を弁識する能力が不十分」である者について，後見や保佐の場合と同じく一定の者の請求により，家庭裁判所は補助開始の審判をすることができる（15条1項）。補助開始の申立てには，それが本人以外の者の請求によるときは，本人の同意が必要である（同条2項）。補助開始の際に，保護者として「補助人」が選任され，この審判を受けた本人を「被補助人」という（16条・876条の7）。ここでの「精神上の障害」とは，後見や保佐の場合と同様，知的障害および精神障害等を意味する。補助の場合は，保佐のように判断能力が著しく不十分とまではいえないような，判断能力の不十分さがより軽度な者が対象となる。

補助開始の審判は，その原因がなくなったときだけでなく，補助人に同意権または代理権を付与する審判のすべてが取り消されたときにも，一定の者の請求によって取り消される（18条1項・2項）。

本人（被補助人）の行為能力

補助の場合，本人（被補助人）は，原則として，契約等の法律行為を単独で確定的に有効にでき，次のような手続による特定の行為についてのみ，補助人の同意を要する（17条1項）。

補助人の同意を要する行為は，法律の規定によるのではなく，補助人に同意権を付与する審判（補助開始の審判とは別）で特定された行為に限定される（17条1項）。この審判の申立てが本人以外の者の請求によるときには，本人の同意が必要である（同条2項）。審判により特定される行為のタイプは，当事者の申立てによるが，当事者は，民法13条1項に定められた借財・保証，不動産その他重要な財産の売買等（保佐の場合の同意を要する行為）から選択

★ コラム⑩：元気なあいだに将来の準備を（任意後見契約に関する法律）

　成年後見制度は，認知症等により判断能力を欠いたり不十分である高齢者を保護することができる。しかし，そのような保護を待つのではなく，将来に判断能力が低下したときに備えて，自分が能力を有している元気なあいだに，自分に適した保護をしてもらえるよう対処しておくことも望ましいあり方である。

　「任意後見契約に関する法律」は，そのための制度を設けている。それによると，本人が契約締結に必要な能力を有しているときに，将来の，精神上の障害により判断能力が不十分な状況での財産の管理等に関する事務について，任意後見人に代理権を付与する「任意後見契約」（公正証書による）を締結することができる。それによって，家庭裁判所が選任する後見監督人のもとで任意後見人による保護をうけることができる。

★ コラム⑪：中学生が自動販売機で缶コーヒーを買ったら

　14歳の中学生Aが，学校帰りに自動販売機で缶コーヒーを買って飲んだとしよう。難しく考えるなら，Aは，未成年者であることを理由に，自動販売機の設置者Bとの売買契約を取り消すということも想定される。Aに利益は残っていない。とすると，Aは，Bに対して，何ら負担なしに代金を返してくれといえるのだろうか（121条）。あらかじめ両親の了解があればもちろん取り消せない（5条1項）。小遣いで買ったといえる場合も多いだろう。その場合も取り消せない（5条3項）。しかし，もしそうでなければ，取り消せるのだろうか。ちょっとおかしい。

　電車・バス・郵便・電話・自動販売機の利用などのように，パターン化された日常生活に欠かせない物やサービスの供給（社会類型的行為）については，そもそも意思能力や行為能力は問題とならないとする考え方もある。あるいは，そのパターンの取引の意味（社会類型的な意味）が理解できるだけの能力があれば，完全に有効であるとする考え方もある。いずれにしても，このようなタイプの取引には制限行為能力制度はストレートには働かないとして，未成年者の取消しを制限しようとする考え方が一般的である。

　なお，成年被後見人，被保佐人の場合は，本人の自己決定権の尊重という観点から，日用品の購入その他日常生活に関する行為は，本人が単独で行いうる（9条ただし書・13条2項ただし書参照）。

しなければならない（17条1項ただし書）。このようにして特定された行為を被補助人が単独で行った場合，本人も補助人も，その行為を取り消すことができる（17条4項・120条1項）。

　さらに，本人の利益を害するおそれがないのに補助人が同意を与えないときには，自己決定を尊重する趣旨から，保佐の場合と同様に，本人は，家庭裁判所の「同意に代わる許可」を得て，本人単独で確定的に有効な行為を行うことができる（17条3項）。

補助人の権限

　補助人は，補助人の同意を要するとされた特定の行為を本人がその同意なしに行った場合，その行為につき「取消権」を有する（120条1項）。また，事後に「追認権」を行使して，その行為を初めから完全に有効なものとすることもできる（122条）。

　補助人は，当然には，「代理権」を有しない。しかし，保佐人の場合と同様，家庭裁判所の審判により，特定の法律行為につき補助人に代理権が付与される場合がある（876条の9第1項）。代理権の付与を請求したのが本人以外の者であるときは本人の同意が必要であること（876条の9第2項・876条の4第2項）も，保佐人の場合と同じである。

6　相手方の保護(1)──催告権

不安定な相手方の地位

　制限行為能力者の制度は，制限行為能力者が単独で法律行為をした場合に，保護者に取消権を与えるという方法で，未成年者等の制限行為能力者を保護している。たとえば，制限行為能力者が，売主として，不動産の売買契約を単独で締結した場合を考えてみる。買主である相手方にしてみれば，いきなり契約が取り消され，あてにしていた不動産が入手できずに思わぬ損害を被ることもある。しかし，この不利益は，制限行為能力者を保護する結果とし

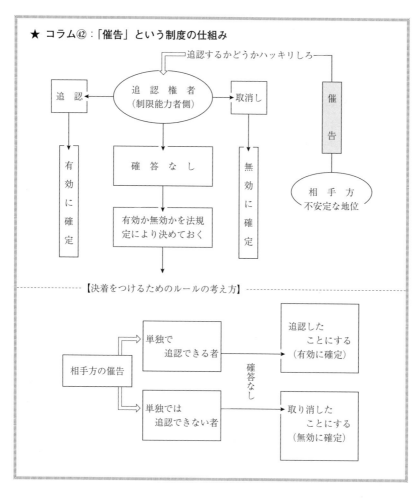

★ コラム㊷：「催告」という制度の仕組み

追認するかどうかハッキリしろ

追認権者
（制限能力者側）

追　認

取消し

催　告

有効に確定

確　答　な　し

無効に確定

相　手　方
不安定な地位

有効か無効かを法規定により決めておく

- - - - - - - - - - 【決着をつけるためのルールの考え方】 - - - - - - - - - -

相手方の催告

単独で
追認できる者

単独では
追認できない者

確答なし

追認した
ことにする
（有効に確定）

取り消した
ことにする
（無効に確定）

てやむをえないものであり，相手方も甘受せざるをえない。

　さらに，相手方にとっては，もう1つの問題がある。この制度では，制限行為能力者の側は，取り消してその契約を確定的に無効とすることもできるし，あるいは，追認して確定的に有効とすることもできる。しかも，行使期間が経過するまでは（126条，原則として5年），取消しも追認もしないで不確定なまま（浮動的有効といわれる）にしておくこともできる。すなわち，取消しか追認か，どちらかが選択されるまでは，相手方である買主はその不動産が入手できるかどうかきわめて不安定な地位におかれる。

相手方の催告権

　このことを考慮して，民法では，相手方が，制限行為能力者の側に対して追認するのか否かの回答を求めて有効・無効の決着をつける手段が準備されている。これが，相手方の催告権といわれる権利であり，具体的には次のような手続を経る。制限行為能力者の相手方は，取り消すことのできる法律行為について，制限行為能力者の側に対して1か月以上の期間を定めて追認するか否か催告することができる（20条）。追認の催告であるから，追認することができる者に対して行う必要がある。具体的には，制限行為能力者の保護者に対して，すなわち，法定代理人（親権者，未成年後見人，成年後見人），保佐人あるいは補助人か，その後に能力者になった（たとえば成人した）本人に対して，催告を行うことになる。

　催告に対して，追認する旨の回答があれば，もちろん，確定的に有効となるし，取り消す旨の意思表示があれば確定的に無効となる。問題は，期間内にいずれの確答もなかった場合である。確答がなかった場合，民法は，単独で追認できる者，すなわち，法定代理人もしくは行為能力者となった後の本人に対して催告したときには，追認があったもの（有効に確定）とみなしている（20条1項・2項）。他方，単独で追認できない者，すなわち，追認に保佐人の同意を要する被保佐人，補助人の同意を要する被補助人，に対して催告したときや，特別の方式を要する行為（たとえば後見監督人の同意を要する契約）をしたときには，確答がなければ，取り消したもの（無効に確定する）とみなしている（20条3項・4項）。

7　相手方の保護(2)——制限行為能力者の詐術による取消権の喪失

　制限行為能力者の相手方は，制限行為能力を理由に法律行為を取り消されたならば不測の不利益を被るから，制限行為能力者が相手方を騙して自分が行為能力者であるかのように思い込ませて（詐術を用いて）法律行為をした場合にまで，制限行為能力者を保護する必要はない。民法は，この場合，制

限行為能力者はその行為を取り消すことができないとしている（21条）。行為能力者とみせかけるのではなく，制限行為能力者がその保護者の同意を要する行為である場合に同意があったかのようにみせかけた場合も，同じく取消権を失うと解されている。

ケースのなかで3　**制限行為能力者であることを黙秘したときの取消権**

準禁治産者（現行法の被保佐人に相当）Xは，X所有の土地をY₁に売却し，Y₁は，Xからその土地所有権の登記を得てさらにY₂に転売し登記手続も済ませた。Xは，保佐人の同意がなかったとして，XY₁間の売買契約を取り消し，Y₁Y₂の各登記の抹消を訴求した。Y₁Y₂はXに詐術があったとして争った。裁判所は，制限行為能力者であることを黙秘していた場合でも他の言動とあいまって相手方を誤信させるときには詐術になるが，単に黙秘していたというだけでは詐術に当たるとはいえないし，その際に行為能力者たることを信じさせる目的をもってしたことを要するとしたうえで，本件ではそのような事実は認められないとして，Xの請求を認容した。

《制限行為能力者・取消権・制限行為能力者の詐術……最判昭44年2月13日》

第4章 法　　人

　何人かの人が出資して，会社やNPOなど，1つの団体（組織）を作って活動するのは，社会ではごく一般的なことである。社会を経済生活という観点から見れば，団体による活動は社会に欠かせないものとなっており，むしろ，その中核を占めている。

　会社等の団体にも，私たち「人」と同じように，「法人」として独立した1つの法的な資格（権利能力）が与えられている。もしそうでなかったなら，法律関係は，とんでもなく複雑になり，経済生活の混乱をきたすだろう。たとえば，会社が売買契約を締結すれば，売主や買主の権利義務は構成員である株主に分かれて帰属することになる。事務所のビルからコピー機まで株主がみんなで共有していることになってしまう。また，会社の財産や負債と，株主の個人財産や借金等とを分別することもできない。法人制度は，このような不都合を克服するために生まれた1つのアイデアである。

　この章では，主として，非営利法人である一般社団法人・一般財団法人について，理事を執行機関とする法人の活動を中心に，法人制度を規律する原則的なルールを学ぶ。

第1節　法人制度の位置づけ

1　「法人」という名の社会のメンバー

　すべての個人は，この社会の独立した構成員として，平等に権利者となり義務者となる資格（権利能力）を有している。しかし，私たちの社会のメンバーは個人だけではない。身近な生活を見ても，個人の間で取引をすることはむしろ少ない。銀行から預金をおろして，生協で雑誌を買い，劇場で映画を観て，街角のファーストフード店で食事をする。銀行や生協など，そこに登場する取引の相手はいずれも個人ではない。それらは，1つの独立した組織体であり，私たち個人と同じように社会の1つのメンバーとして活動している。このように，個人のほかに，権利・義務の主体としての資格が認められているものを「法人」という。「法人」も広い意味で「人＝権利能力を有する者」に含まれる。その場合，「法人」と区別する意味で，個人のほうをとくに「自然人」とよぶ。

2　なぜ「法人」が必要なのか

法律関係を単純化する

　もし，権利者となり義務者となる資格（権利能力）が自然人だけにしか与えられていないとすると，法律関係はとんでもなく複雑になる。きわめて多数の出資者で構成される1つの団体（組織）が，たとえば，事務所建設のために土地を購入しようとした場合を想定してみよう。個人にしか権利能力が認められないとすると，その構成員それぞれが契約の当事者となり，土地代金の支払義務者となる。また，購入した土地は構成員全員の共有物となり，

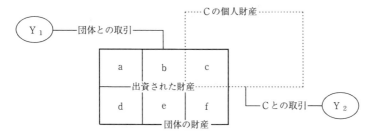

★ コラム㊹：団体の財産と出資者個人の財産との分別

団体に法人格が認められると，個人Cが出資し団体の財産となった財産cと残るCの個人財産とを区別することができる。とすると，一方では，団体と取引したY₁は，団体に対する債権につき，出資された財産cを除いたCの個人財産からは回収することができない（有限責任），他方では，Cと取引したY₂は，個人Cに対する債権につき，出資された財産cからは回収することができない，とすることが可能となる。

不動産登記簿には，何百という個人の名前が共有者としてずらりと並ぶ。

そうではなく，その団体に個人と同様に独立した一個の権利能力を承認すると，その団体の名によって相手方と契約を締結し，団体自身が所有者となり，その名で登記する道も開ける。そうすれば，法律関係は単純化され，上記のような不都合を克服することができる。法人制度は，まず，このようにして法律関係を単純化するという要請に基づいて生まれてきた。

団体の財産と個人の財産とを分別する

また，もし個人だけにしか権利能力が与えられないとすると，団体自身に帰属する独立した財産というものは考えられない。たとえば，ある個人がある団体の活動のためにそのメンバーとして出資したが，その後，その個人の資力が危うくなったとしよう。もし，団体の財産と個人の財産とを分別できないとすると，個人の債権者は，その個人が出資した財産まで差押えができることになり，団体の事業が突然たちいかなくなることも生じうる。逆に，その団体の経営が危うくなると，団体の債権者はそのメンバー個人のそれぞれの財産からも取り立てうるとも考えられる。

しかし，その団体に対して，メンバー個人から独立した法的人格（権利能力）が与えられるなら，出資された財産は，個人の財産から切り離された団体の財産となり，また，団体の負債については団体の財産のみがその引当てとなる，と構成できる。法人制度は，一定の団体に独立した権利主体である「法人」という概念を認めることによって，団体の財産とそのメンバーの個人財産とを分別するという要請に応えるものである。

3　営利法人と非営利法人

　法人は，その設立目的によって，「営利法人」と「非営利法人」とに区別される。株式会社は，利益をあげてこれを法人の構成員である株主に分配することを目的とする。このように営利事業を営むことを目的とする法人（33条2項）を「営利法人」という。

　これに対して，趣味のクラブやボランティア団体など，利益の分配を目的としない法人，すなわち社員等に「剰余金又は残余財産の分配を受ける権利」が与えられていない法人（一般社団法人及び一般財団法人に関する法律（以下本章では「一般法人法」という）11条2項・153条3項2号）を「非営利法人」という。いずれの法人も，民法（33条以下）の規定に服するが，「営利法人」は会社法に，「非営利法人」は一般法人法に，それぞれ詳細な規定が設けられており，主要な事項の大半はそこで定められている。

　剰余金（利益）の分配をしない社団・財団であれば，サークル活動など，もっぱら構成員の利益を目的とする場合であっても，一般法人法によって法人を設立することができる（一般法人）。一般法人は，学術・技芸などの公益を目的としてもよい（33条2項）。また，一般法人のうち，公益目的事業を主たる目的とする法人は，「公益社団法人及び公益財団法人の認定等に関する法律」（以下本章では「公益法人認定法」という）に従って公益認定を受けることができる（同法4条）。具体的には，一般社団法人・一般財団法人が，行政庁に公益認定の申請を行い，その認定を受けると「公益社団法人」・「公益財

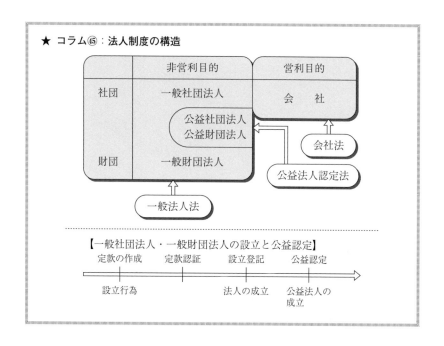

★ コラム㊺：法人制度の構造

	非営利目的	営利目的
社団	一般社団法人	会　社
	公益社団法人 公益財団法人	
財団	一般財団法人	

一般法人法

公益法人認定法

会社法

【一般社団法人・一般財団法人の設立と公益認定】

定款の作成　　定款認証　　設立登記　　公益認定

設立行為　　　　　　　法人の成立　　公益法人の
成立

団法人」として活動することができる。これらの法人は，税制上の優遇措置を受けられる（同法58条）一方で，行政庁の監督に服する等の責務が課せられる。

4　社団法人と財団法人

　ここまでは，主として人の団体を念頭に置いて法人の説明をしてきた。実は，一定の目的のもとに結合した人の団体（社団）のほかに，一定の目的のもとに拠出された，独立した財産の集合（財団）も法人となりうる。これらは，それぞれ，社団法人，財団法人という。両者の違いは，その基礎が人の団体か財産の集合かだけであって，目的や社会的な実態の違いを反映しているわけではない。たとえば，医療法人は，社団として設立することも財団として設立することもできるし（医療法39条），同じく文化の振興や国際交流を目的とする法人であっても，社団法人として設立される場合も財団法人として設立される場合もある。

第2節　法人の設立

1　法人の目的と法人の設立

法人の設立は法律の規定による

　民法は，ある団体が独立した組織体として社会で活動しているという事実だけで，それを法人として認めるという立場をとっていない。法人は，民法あるいはその他の法律の規定によるのでなければ，成立しない（民法33条1項）。

　法人の設立は，法律の規定によるが，その態様はいくつかに分かれる。一般法人については，社団や財団が一定の設立要件（定款の作成，設立登記など）を具備している場合には，行政官庁の許可や認可を経ずに法人は当然に成立する（準則主義）。会社の設立も同様である（会社法25条以下）。

　特定非営利活動法人（NPO法人），宗教法人，学校法人，社会福祉法人，医療法人等については，その設立等のための特別法がある。これらの法人については，主務官庁が，法律の定める要件を具備しているかどうかを審査し，その手続を経て設立される。また，日本銀行や日本放送協会（NHK）のように，日本銀行法あるいは放送法という法律によって法人格が与えられている場合もある（特許主義）。法律によって直接に法人格が与えられている法人は，特殊法人とよばれている。

2　一般社団法人・一般財団法人の設立

一般社団法人の設立

　一般社団法人の設立は，①社員になろうとする2人以上の者（設立時社

　「＊＊通り商店会」「＊＊地区町内会」などは，それに所属する商店主や住民の親睦，相互協力，共同活動などを目的としている。これらはいずれも，営利を目的とする団体ではないから一般法人法によって法人となりうるが，特別法によって，法人となる道も考えられる。

　「商店会」については，一定地域において小売業またはサービス業を営むすべての中小企業者が加入できる商工組合（商店街組合）であれば，法人になりうる（中小企業団体の組織に関する法律6条・9条，正式名称は＊＊商工組合となる）。

　「町内会」については，従来は，法人格を取得する道は閉ざされていた。しかし，現在では，一定地域の住民の地縁に基づいて形成された団体（地縁による団体）は，地域的な共同活動のための不動産に関する権利を保有するためには，一定の範囲で権利・義務の主体となりうるとされている（地方自治法260条の2）。

員）が法人の定款を共同で作成してこれに記名押印し（一般法人法10条1項），②公証人による定款認証を受け（同法13条），③設立登記をする（同法22条）という手続による。資金拠出がなくても一般社団法人の設立は可能である。

　社団法人は団体であるから，2人以上の者で組織することが必要であり，その設立者が法人の根本規則である定款を作成しなければならない。定款には，①目的，②名称，③主たる事務所の所在地，④設立時社員の氏名または名称および住所，⑤社員の資格の得喪に関する規定，⑥公告方法，⑦事業年度，以上7つの事項を記載しなければならない（必要的記載事項。同法11条1項）。理事の職務権限の規定などのように，それ以外の事項でも定款に記載することができるし，また，定款に記載しないとその効力が生じないとされる事項もある（任意的記載事項。同法12条）。一般社団法人に求められる非営利的性格によって，社員に剰余金または残余財産の分配を受ける権利を与える旨の定款の規定は無効である（同法11条2項）。

　作成された定款は，公証人による定款認証を受けなければならないが，そこでは記載事項の要件具備を審査するだけで記載内容につき実質審査が行われるわけではない。

　定款認証を受けた後，設立登記をすることで法人は成立し，法人格を取得する。この設立登記は，第三者に対する対抗要件ではなく法人の成立要件で

ある。

一般財団法人の設立

　一般財団法人の設立は，次の手続による。①設立者が定款を作成し，設立者全員がこれに記名押印し（一般法人法152条1項），②公証人による定款認証を受け（同法155条），③財産（300万円以上）の拠出がなされ，④設立登記をする（同法163条）。遺言による一般財団法人の設立も可能である。

　一般財団法人では，一定の財産を設立目的に従って管理・運用して事業活動が行われるのであるから，設立者による財産の拠出が設立に際して必須であり，300万円以上の価額の財産の拠出が要件となっている。また，純資産額が300万円以上あることが存続要件にもなっている（同法202条2項）。

　一般財団法人の定款には，①目的，②名称，③主たる事務所の所在地，④設立者の氏名または名称および住所，⑤設立に際して設立者が拠出する財産およびその価額，⑥設立時評議員，設立時理事および設立時監事の選任に関する事項，⑦（会計監査人を置くときは）設立時会計監査人の選任に関する事項，⑧評議員の選任および解任方法，⑨公告方法，⑩事業年度，以上10の事項を記載しなければならない（必要的記載事項。同法153条1項）。⑧の方法として評議員の選任・解任を理事または理事会が行う旨の規定は無効である（同法153条3項1号）。また，一般社団法人の場合と同様に，設立者に剰余金または残余財産の分配を受ける権利を与える旨の定款の規定は無効である（同法153条3項2号）。

　一般財団法人も，一般社団法人と同様に，作成された定款につき公証人による定款認証を受けたうえで設立登記をすることにより法人として成立する。

3　公益法人の認定

公益社団法人および公益財団法人

一般法人のうち公益目的事業を主たる目的とする法人は，その設立過程で

　私立大学などでは，「ちょっと待って。5000万円以上の固定資産の処分については，大学の寄附行為第24条によると，評議員会の議決が要るよ」というような会話が交わされる。「寄附行為第＊条」というのは，やや奇妙に聞こえる。ここでは，「寄附行為」は，その学校法人の根本規則を定めた条文集を指している（私立学校法30条）。一般法人法や会社法のいう「定款第＊条」と同様の意味だと考えたらよい。財団法人の設立は，生前処分か遺言（いわば寄附）によって個人財産から分離された財団が形成される行為から始まる。「寄附行為」は，その設立行為だけでなく，上記のように条文集を表す用語としても用いられる。2006年の一般法人法の制定により，一般財団法人については「定款」という表現によることとなった。

はなく成立をした後に，公益法人認定法に従って公益認定を受けることによって，公益社団法人および公益財団法人となることができる（公益法人認定法4条）。

公益認定の仕組み

　公益認定の手続は次のとおりである。①一般社団法人が行政庁（内閣総理大臣または都道府県知事）に公益認定を申請する（公益法人認定法7条）。②行政庁はその法人が欠格事由に該当するか否かを審査する。③行政庁はその法人が公益認定基準を満たすか否かについて，「公益認定等委員会」（同法32条以下，都道府県の場合は審議会その他の「合議制の機関」（同法50条以下））に諮問する。④行政庁は公益認定等委員会の答申に基づいて公益性を認定し，その旨を公示する（同法10条）。

公益社団法人・公益財団法人の優遇と義務

　公益認定を受けた一般社団法人，一般財団法人は，それぞれ公益社団法人・公益財団法人となる（公益法人認定法9条）。公益社団法人および公益財団法人は，法人自体税制上の優遇措置が受けられるし，またこれに寄附を行う個人や法人も優遇措置が受けられる（同法58条）。その一方で，事業，財務，情報開示等について一定の義務が課せられ，公益認定した行政庁の監督に服

する。行政庁は，報告聴取・立入検査などの権限を有し，法令違反等がある場合には，改善勧告・命令を行うことができ，最終的には，公益認定取消処分をすることもできる（同法27条以下）。

4　権利能力なき社団

法人と同様の組織を有し活動をするが法人格のない団体

　一般法人法が制定されるまで，公益法人は民法の規定によって法人となり，営利法人（会社）は会社法の規定によって法人となるが，公益も営利も目的としない団体は，特別法の規定がないかぎり法人とはなれなかった。たとえば，校友会や特定の球団のファンクラブなどは，そのための特別法がないため法人格を取得する道はなかった。そこで，実体としては法人と同様の組織を有し活動を継続していながら法人格をもたない団体が数多く生じた。また，一般法人法制定後も，法人格を取得しないままで，実体としては法人と同等の活動をしているもの（任意団体などという）がある。このような団体を一般に「権利能力なき社団」とよんでいる。

組合関係としてみると

　法人格のない団体の法律関係については，メンバーの数に応じた多数の個人関係として，あるいは，関係する個人間で結ばれた組合契約（民法667条以下）としてとらえることも考えられる。しかし，そうすると，法律関係がきわめて煩瑣になるし，さまざまな局面で実態にそぐわないことが生じる。たとえば，大学のボート部がボートを一隻購入しようとする場合，まず，その売買契約の買主は誰か，という問題が生じる。個々の部員が契約の当事者だというよりも，ボート部自身が買主だと考えるほうが自然であり，法律関係も簡明である。そのことは，その部員が卒業してしまったような場合にもっと明白になる。これを組合関係としてとらえ，卒業後もその部員に買主の1人として地位が残っているとか，ましてや，購入したボートについての何十

いわゆる NPO（nonprofit organization）は，ボランティア活動をはじめとする市民による自由な社会貢献活動を展開してきた。それらの団体やその活動内容は，民法による従来の公益法人の設立や監督のルールに必ずしもなじむものではなかったため，多くの場合，法人格のない「任意団体」のままで活動してきた。その後，1998年に「特定非営利活動促進法」が制定・施行され，これらの非営利団体も，「特定非営利活動法人（以下，NPO 法人という）」として活動する道が開かれた。NPO 法人は，法人税の課税が収益事業に限られる点で，公益認定を受けていない一般法人と比べて税制上優遇されている。

NPO 法人の設立が認められるのは，保健，社会教育，まちづくり，文化・スポーツ，災害救援等に関する同法所定の20分野の活動であって，かつ，不特定かつ多数の者の利益の増進に寄与する活動を主たる目的とする場合に限定される（同法2条1項別表）。NPO 法人は，同法所定の書類を添付した申請書を所轄庁に提出して「設立の認証」を受け（同法10条1項），その設立登記をすることによって成立する（同法13条1項）。

NPO 法人は，さらに，一定の基準を満たすことが所轄庁に認められると，認定の日から5年間（実績があれば更新できる），認定 NPO 法人として活動することができる（同法44条1項・45条・51条1項）。認定 NPO 法人は，法人自身およびその寄附者につき税制上の優遇措置を受ける。

分の一かの財産上の払戻しを請求できる（民法681条参照）などとは誰も考えないであろう。

権利能力が認められる「権利能力なき社団」という概念

民事訴訟法では，法人ではない社団または財団にも訴訟当事者能力を認める規定が置かれている（民事訴訟法29条）。判例も，団体としての組織を備えて一定の要件を満たすものについては，法人ではない社団（権利能力なき社団）として，法人に準じた法的地位を承認している。

権利能力なき社団は，固有の社団財産を有し，社団債務も団体に帰属し，その責任も構成員個人の財産ではなく社団財産が負担する（有限責任）と考えられている。権利能力なき社団は，不動産の登記名義については代表者個人の名義で登記するほかないとされているが，その点を除くと，民法上はほとんど法人と同様の地位にあることになる。

現在では，一般法人法の制定によって非営利団体に法人化の道が正面から開かれ，しかも，一般社団法人を設立するために，財産の拠出は要件とされていない。そうすると，従来の民法の法人制度の枠を前提に展開されてきた権利能力なき社団についての判例法が，これからもそのまま維持されるべきかは，問題として残る。

ケースのなかで 4　法人ではなくても有限責任

　A協会（東北栄養食品協会）は，集団給食の栄養管理の向上を図ることを目的とする団体である。A協会に対する売掛代金債権を取得したXらは，A協会が不渡手形を出し事業を継続することができなくなったので，A協会の構成員であるYらに対してその支払を訴求した。裁判所は，A協会は権利能力なき社団としての実体を有し，その代表者が社団の名においてした取引上の債務は，社団構成員全員に1個の義務として総有的に帰属し，社団の総有財産だけがその責任財産となり，構成員各自は取引の相手方に対し直接には個人的債務ないし責任を負わない，としてXらの請求は認められないとした。

《権利能力なき社団・社団の債務・有限責任……最判昭48年10月9日》

5　外国法人の権利能力

　外国法人とは，外国法に準拠して設立された法人である。これに対して，日本法に準拠して設立された法人を内国法人とよんでいる（法人税法上の表現は異なる）。ここでは，法人の構成員の国籍はまったく問題とならない。たとえば，構成員（社員）のすべてがアメリカ人であっても，日本法に準拠して設立されれば，内国法人である。

　外国法人に日本法のもとでの法人格を承認することを，「認許」するという。民法では，法律や条約による場合は別として，国，国の行政区画と外国会社のみが認許されている（民法35条1項）。これに対し，日本の非営利法人に相当する外国法人は認許の対象となっていない。

　認許された外国法人は，原則として，日本のそれと同種の法人と同一の私

権を有するとされている。たとえば，ドイツで株式会社として設立された法人なら日本の株式会社と同一の権利能力を有することになる（35条2項本文）。

第3節　法人の機関

1　法人を動かす「機関」

　社団や財団は，それ自体は抽象的な存在であり，精神や肉体が備わっているわけではない。人（自然人）と同じようには，周囲の状況を認識し判断し，それに基づいて意思表示をすることはできない。したがって，法人が設立されてそれに権利能力が与えられたとしても，そのままでは，契約を締結するなどの業務を処理することは不可能である。結局は，法人の実際の業務の処理は，人（自然人）によって行われることになる。法人組織の中でそのような役割を与えられている人（多くの場合複数）を法人の機関とよんでいる。

　法人の機関としては，その機能に応じて，大きく，「業務執行機関」，「意思決定機関」，「監督機関」の3つがあげられる。まず，業務を執行する機関

（対外的には代表機関）として「理事」とよばれる機関が置かれる。社団の場合には，業務執行に先立って法人の意思を決定する機関が必要となるが，これが「社員」全員で構成される「社員総会」である。財団法人の場合は，設立者の意思（設立目的）に従うことになるが，一定の事項については「評議員」全員によって構成される「評議員会」の決議による。さらに，理事の職務執行および会計処理を監督する機関として，「監事」および「会計監査人」が置かれる場合がある。

2　一般社団法人の機関

理事および理事会

理事は，法人を代表して業務を執行する機関である。一般社団法人では，1人または複数の理事を置かなければならない（一般法人法60条1項）。複数置かれた場合も，理事各自が代表権を有し，単独で法人を代表することができる（同法77条1項本文・2項）。もっとも，定款の定めによって代表理事が選定された場合は，この代表理事のみが法人を代表する（同法77条1項ただし書・3項）。

一般社団法人は，定款の定めによって，理事会を設置することができる（このような法人を理事会設置一般社団法人という）。この場合は，理事会によって選任された代表理事および業務執行理事のみが法人を代表する（同法91条1項1号・2号）。

理事会が設置された場合，この理事会は，重要な財産の処分・譲受け，多額の借財，重要な使用人の選定・解任，内部統制システムの決定等の事項について，これらを専決事項として所掌する（同法90条4項）。

社　員　総　会

社団法人では，その団体の構成員を社員という。社員全員で構成する社員総会は，法人の意思決定機関であり，一般社団法人に関する一切の事項につ

いて決議する権限を有している（一般法人法35条1項）。もっとも，理事会設置一般社団法人では，社員総会の権限の多くが理事会に委譲され，社員総会は一般法人法および定款で規定された事項についてのみ決議できる（同法35条2項）。

監事および会計監査人

　監事は，理事の職務執行を監督する（一般法人法99条1項）。会計監査人は，法人の計算書類等の会計監査を行い，会計監査報告書を作成する（同法107条1項）。大規模一般社団法人（貸借対照表の負債の部計上総額200億円以上。同法2条2号）では，会計監査人を置かなければならないとされている（会計監査人設置一般社団法人という。同法62条）。また，監事は一般法人の必置の機関ではないが，理事会設置一般社団法人および会計監査人設置一般社団法人では，監事を置かなければならない（同法61条）。

3　一般財団法人の機関

理事および理事会

　一般財団法人にも理事が置かれるが，一般社団法人と異なり，理事会が必置機関であり（一般法人法170条1項），理事会で選定された代表理事のほか業務執行を行う理事のみが法人を代表する（同法197条・91条1項）。

評議員および評議員会

　一般財団法人には，3人以上の評議員および，評議員全員によって構成される評議員会が置かれなければならない（一般法人法170条1項・173条3項）。一般財団法人では，一般社団法人の場合のように社員が存在するわけではないことから，理事監督機能を担うものとしてこの評議員および評議員会が必置機関とされている。評議員会は，財団運営の適正を確保する機関として位置づけられ，理事・監事・会計監査人の選任（同法177条・63条1項）および解任（同法176条），計算書類の承認（同法199条・126条2項）等の事項を専決事項として所掌する（同法178条3項）。

監事および会計監査人

　一般財団法人では，一般社団法人と異なり，監事は必置機関である（一般法人法170条1項）。会計監査人を置くかどうかは任意である（同法170条2項）。ただし，大規模一般財団法人（貸借対照表の負債の部計上総額200億円以上。同法2条3号）では，会計監査人は必置機関である（同法171条）。

第4節　法人の取引行為

1　法人が権利者となれる範囲

法人同士で養子縁組はできない（性質または法令による制約）

　法人が自然人と同様に権利能力を有するといっても，たとえば，会社が誰かと婚姻したり，学校法人同士で養子縁組をしたりすることは，比喩としてはともかく，法的にはもちろんできない。このように，法人は，自然人とまったく同じではなく，権利義務の帰属する範囲について一定の制約がある。

まず，人としての肉体の存在を前提とする法律関係については，法人はその権利者や義務者となることはできない。上記の婚姻や養子縁組のように夫婦や親子関係に関する権利・義務，生命や身体に関する人格的な権利などがこれにあたる。それ以外にも，法令によって一定の制約がされることもある（たとえば清算法人の権利能力。一般法人法207条）。

定款に定められた「目的」という枠

法人は定款その他基本約款で定められた目的の範囲内において権利を有し義務を負う（民法34条）。このように，法人は，法律関係の当事者となりうる範囲が目的によって制約されている。これは，法人は一定の目的のもとに設立されているのであるから，目的外の行為によって法人が財産を失ったり借財をしたりして，その存立を危うくすることを防止するためである。

民法34条によると，たとえば，社団法人の理事が契約を締結しても，それが法人の目的の範囲外の行為であるときは，契約の相手方は法人にその契約に基づく主張をすることができない。

目的の範囲か否かの判断基準

たとえば，ある電力会社が，すでに敷設されている自社のケーブルを利用して，情報関連事業を新規に開始する場合を想定しよう。もし，その定款の設立目的の欄に「電力の供給」とのみ記載されていたとしたら，定款変更をしたうえでないと新規事業はできないのか。営利法人である会社が臨機応変に多方面に事業を展開して利潤を確保していこうとすることを制約する理由は乏しい。目的による制約が上に述べたような趣旨によるものであることを考えれば，この場合，目的による制約を厳格に適用する必要はない。そこで，営利法人（会社）では，取引行為に関する限り，ほとんどの場合，目的による制約は問題にならないと解されている。

これに対して，非営利法人の場合には，営利法人と同様には考えられない。

まず，公益社団法人あるいは公益財団法人は，一定の公益目的のもとで公益認定を受けているのであるから，その目的外の行為による法律関係を認めることは，公益認定自体を無意味にしてしまう。これに対して，公益認定を受けていない一般法人の場合，目的による制約は法人の財産基盤を維持・確保する趣旨によることから，学説は，その趣旨に従い，公益法人に比してその制約を緩やかに解そうとする傾向にある。判例でも，その行為が，具体的に法人の財政基盤を危うくする結果を招くか否か，相手方や第三者にどのような影響を与えるか等の事情を考慮して，その効力が判断されている。

ケースのなかで 5　農業協同組合が組合員以外の者へ貸し付けたら

　農業協同組合Xではその定款により非組合員への貸付けは禁止されていた。Xは，それに反して，非組合員Y_1 Y_2に，組合の目的事業とまったく関係のない土建業の人夫賃の支払のための金員を，両者を連帯債務者として貸し付けたが，期日に返済がない。Xの代表者Y_3は引責辞任し，Y_1の債務につきXに対して保証をした。Xは，Y_1 Y_2に対して貸付金の弁済（予備的に不当利得を理由とする金員の返還）を，Y_3に対して保証債務の履行を訴求した。裁判所は，本件貸付けは組合の目的の範囲内に属しないからY_1 Y_2への貸付けは無効であるとし，Y_1 Y_2に対しては予備的請求を認容し，Y_3に対しては，保証債務も無効となるとして請求を棄却する判断を示した。

《法人の権利能力・非営利法人・員外貸付け……最判昭41年4月26日》

2　理事による法人の取引行為

理事の代表権

　法人は，代表者である理事の行為（主として契約）によって，権利や義務を取得する。理事が複数ある場合にも，原則として，それぞれの理事が単独で有効に法人を代表する権能を有している（一般法人法77条1項本文・2項）。理事が複数ある場合，法人の事務について，原則として，過半数で決定するとされている（同法76条2項）。しかし，これは法人の内部的な意思決定に関

するルールであり，この場合でも，対外的な関係では，理事はそれぞれが単
独で代表権を有すると解されている。代表理事が選定された場合や理事会設
置法人の場合（一般財団法人の場合はつねに）には，代表理事のみが代表権を
有し，その他の理事には代表権はない（同法77条1項ただし書・91条1項）。

　理事ないし代表理事の代表権は，法人がなしうるすべての事項に及ぶ（包
括代表権。同法76条1項・197条）。理事ないし代表理事に代表権があるという
ことは，その理事が法人を代表して行った契約などの行為の効果は直接に法
人に帰属することを意味する。契約の場合でいえば，その法律構成は，法人
を本人として，理事がその代理人となって，相手方と契約を締結するという，
代理構成と理解されている（代理については，**第10章**（173頁）を参照）。

理事の代表権の制限

　理事ないし代表理事の代表権は，社団法人の場合には定款または社員総会
の決議によってそれを制限することができる（一般法人法83条参照）。財団法
人の場合にも，定款により理事の代表権を制限することができる。たとえば，
理事が複数ある場合に，単独代表の原則を修正して，定款で一定の取引につ
いては共同代表とする制限を定めることができる。このような制限に反した
場合，上記の場合でいえば単独で代表したような場合には，本来ならば，相
手方は法人に対してその効力を主張できない（無権代理。民法113条）。しかし，

理事は単独で包括代表権を有するのが原則であるから，法人側は，その制限を知らない（善意の）第三者には，そのような制限のあることを主張できない（一般法人法77条5項・197条）。

理事の代表権限の濫用

　理事が代表権の範囲を逸脱して契約をした場合は無権代理となり，その契約の効果は，原則として法人に帰属しない。では，理事がその権限の範囲内で取引行為をしたが，それが，法人のためではなく，その理事個人もしくは第三者の利益を図るために行われた場合はどうだろうか。これは，たしかに無権代理にはあたらない。しかし，相手方が，その意図を知っていたような場合にも，法人がその契約上の義務を負うとするのは不当であろう。これが，代表権限の濫用の問題である（これについては，代理権限の濫用の問題として，**第10**章第2節3（181頁）で解説する）。

利益相反となる場合

　たとえば，法人が事務所としてビルを購入しようとする場合，もし理事の1人がそのビルの所有者であるとすると，そこでは，法人とその理事との利益が相反する。このような場合には，その理事は，社員総会においてその利益相反行為についての重要事実を開示して，その承認を得なければならない（一般法人法84条1項・197条）。社員総会の承認を得た場合には，自己取引を禁止する民法の規定（民法108条）は適用されない（一般法人法84条2項。**第10**章第2節4（182頁）参照）。

第5節　法人の不法行為

1　代表者の不法行為と法人の責任

法人の不法行為責任

　たとえば，法人の理事が，法人の代表者としてその事務を処理する過程で，詐欺的な行為を行って誰かに損害を与えたような場合を想定してみよう。その被害者は，もちろん，不法行為を理由にその理事個人に対して損害賠償責任を追及できる（民法709条）。この場合に，被害者は，さらに，法人に対しても損害賠償請求できるだろうか。

　法人では，理事が業務を執行し，そのもとで何人かの従業員等が働いている。法人は，これら理事等の人の行為に支えられて，社会のメンバーとして活動しているわけである。とすると，法人は，これらの人による取引行為等の成果を享受できる以上，これらの人の違法な活動によって生ずる損害を負担するべきであると考えられ（報償責任），そのための一定の規定が準備されている。

法人の代表者による加害行為

　一般法人では，代表理事その他の代表者の第三者に対する加害行為について，法人が責任を負う旨が規定されている（一般法人法78条・197条）。ここでの法人の責任は，法人の代表者（代表機関）の行為に限られ，特定の取引につき理事に委任された代理人の行為はこれに含まれない。また，代表者の加害行為といっても，理事が法人の事務とは関係なくけんかをしたり詐欺を働いたりしたような場合にまで，法人が責任を負うわけではない。理事が，

「その職務を行うについて」他人に損害を与えた場合に限られる。しかし，その範囲は必ずしも明確ではない。そもそも違法な行為が問題なのだから，厳密な意味での職務の範囲に限定されるわけではない。今日では，単に職務執行の際にということではないが，職務上のないし職務に関連する事務処理の過程でなされた行為をさすと解されている。なお，法人の責任が認められる場合でも，もちろん，不法行為をした理事は，個人として責任を負う（民法709条）。被害者は，法人と理事のどちらかから賠償がなされるまで，どちらに対しても損害額全部を支払えという賠償請求権をもつ。法人は，一般法人法78条により被害者に賠償したならば，現実に不法行為をした理事からその分を取り立てる（求償する）ことができる。

2 使用者としての責任と組織体としての責任

法人の従業員等による加害行為

法人の被用者（従業員など）が加害行為をした場合，被用者は理事ではないので，その被害者は，上記の一般法人法78条によって法人に対して損害賠償を請求することはできない。しかし，被用者の不法行為については，民法によって，使用者もその責任を負担する旨が定められている（使用者責任。民法715条）。この規定によって，従業員が法人の事業の執行について不法行為（たとえば，配達途中の交通事故）をした場合には，法人は，被害者に対して，使用者としての損害賠償責任を負担することになる。

組織体としての法人自体による加害行為

一般法人法78条による法人の責任は，理事個人の職務執行過程での不法行為を念頭に置いたものである。そうすると，工場排気や排水あるいは製造物の製造工程上の欠陥による加害行為などは，もちろん理事等の職務執行としても問題となりうるが，それよりもむしろ組織体としての加害行為ととらえるほうが自然であろう。したがって，そのようなタイプの加害行為について

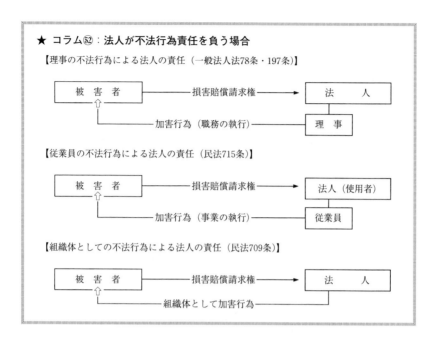

★ コラム㊾：法人が不法行為責任を負う場合

【理事の不法行為による法人の責任（一般法人法78条・197条）】

被害者 ──損害賠償請求権──→ 法人

加害行為（職務の執行）──→ 理事

【従業員の不法行為による法人の責任（民法715条）】

被害者 ──損害賠償請求権──→ 法人（使用者）

加害行為（事業の執行）──→ 従業員

【組織体としての不法行為による法人の責任（民法709条）】

被害者 ──損害賠償請求権──→ 法人

組織体として加害行為

表4-1 法人の責任と加害者個人の責任

	直接の加害者	責任負担する者	責任負担する範囲	加害者個人への責任追及	加害者への法人の求償権
一般法人法78条	理事など	法人	職務の執行	○	○
民法715条	被用者	法人（使用者）	事業の執行	○	○＊1
民法709条	法人の組織体	法人	組織体としての活動	×＊2	×

＊1 求償権はある（715条3項）が状況によってその範囲が制限される。
＊2 個人の加害行為が特定できれば個人の責任と競合する。

は，一般法人法78条（あるいは民法715条）を介することなく，法人そのものの不法行為として，民法709条によって賠償責任を追及されることが多い。

第6節　法人の消滅

　人は死亡によって権利能力を失うが，法人は解散し清算が結了することによって消滅する（一般法人法207条）。法人は，定款に定められた存続期間の満了，定款で定めた解散事由の発生，合併，破産手続開始の決定，および解散を命ずる裁判（同法261条）によって，解散する（同法148条・202条1項）。これに加えて，一般社団法人の場合には，総会の決議，社員の欠亡も解散事由とされている（同法148条3号・4号）。また，一般財団法人の場合には，基本財産の滅失等による目的事業の成功の不能，貸借対照表上の純資産額が2期連続で300万円を下回った場合も解散事由となる（同法202条1項3号・2項）。

　解散した法人は，財産関係を整理する手続に移行する。これを法人の清算といい，その法人を清算法人とよんでいる。清算法人では，理事等が清算人となりその手続は進められる（同法206条以下）。これらの解散および清算の手続は，行政庁ではなく裁判所の監督のもとで行われる。

第5章　物

　民法85条以下は，私権の代表である所有権の客体として，形のある「物」（有体物という）について規定を置いている。「物」は，さまざまな角度からいくつかに分類されるが，この章では，その中でも民法総則が規定している不動産と動産，主物と従物，元物と果実の分類について学ぶ。

　たとえば，土地を買った場合，買主は土地のほかに，その土地の上の建物や樹木などについても所有者となるのだろうか。同じように，建物を買った場合に，買主は建物に備え付けられたエアコンについても所有者となるのだろうか。また，雌犬をもらう約束をした場合，その犬が生んだ子犬は誰の物なのだろう。民法86条以下の規定は，こうした問題に対して解答を与える基準として，「物」を分類している。

第1節　私権の客体としての「物」

1　私権の客体は形のある「物」だけではない

たとえば1台のコンピュータが，所有権の客体（対象）になることには問題がない。しかし，形のないものだからといって，それが私権の客体にならないわけではない。プログラムや金銭債権などが財産的な価値を持ち，取引の重要な客体であることを思い浮かべれば，このことは明らかであろう。

2　だが物権は原則として有体物にのみ成立する

民法は，歴史的ないきさつから，所有権をはじめとする物権の成立する「物」を有体物に限っている（85条）。有体物とは，一定の空間を占める物で，固体のみでなく，ガスのような気体やアルコールのような液体も含まれる。形のないもの（無体物という）のうち，債権については，債権編（399条〜724条の2）の規定による。さらに，著作権や特許権などの知的財産権については，特別の法律による保護がある。

そのような特別の規定がない電気・熱エネルギーなどの無体物を「物」と理解して，それに所有権その他の物権が成立するかどうかは問題である（刑法245条は，窃盗罪と強盗罪に限り，電気を財物とみなしている）。罪刑法定主義の制約がない民法では，管理や支配が可能であれば有体物をひろく認めてさしつかえない，との学説も有力である。しかし，たとえば，電柱から電線を勝手に引き込んで電気を使っている者がいた場合，電力会社が盗電者に対して，電気自体を所有権に基づいて返せという請求は無意味である。所有権侵害といわなくても不法行為に基づく損害賠償請求（709条）はできるので，一般的

に電気を「物」と解する必要はない。すなわち、具体的問題ごとに、関係規定の適用または類推適用の適否を個別に検討すれば足りる。

第2節　物の分類

1　動産と不動産

　土地は人間の生存と生産活動にとって不可欠の手段であり、労働によって生み出された物ではなく、新たに作り出すことも困難である。民法86条は、こうした特殊性に基づいて、土地を中心とする不動産とそれ以外の動産を区別する一般的な規定である。具体的には、表5-1のように、不動産と動産とでは多くの点において、法的な取扱いに差がある。

表5-1　不動産と動産——民法上の取扱いの主な違い

	不　動　産	動　産
権利の公示方法と対抗要件	登記（177条）	引渡し（178条）
無権利者から譲り受けた者の保護（公信の原則）	登記に公信力がないため、登記名義人を所有者であると過失なく信じて買い受けた者も、所有権を取得できず、真の所有者からの返還請求に応じなければならない	占有に公信力があるため、占有者を所有者であると過失なく信じて買い受け占有を得た者は、原則として所有権を取得し（192条）、元の所有者に返さなくてよい
成立する物権	土地には物権編に規定されているすべての不動産物権が成立する	地上権、永小作権、地役権などの用益物権や抵当権は成立しない
被保佐人の行為能力の制限	不動産に関する権利の得喪を目的とする行為は、すべて制限の対象となる（13条1項3号）	重要な動産に関する権利の得喪を目的とする行為のみが制限される
所有者がいなくなった物の帰属	国が所有者になる（239条2項）	先占（239条1項）した者が新たな所有者になる

不 動 産

　土地のほかに，その定着物が不動産とされている（86条1項）。定着物とは，土地に継続的に固定して利用することが取引上その物の性質と考えられる物をいう（**表5-2を参照**）。

　定着物のうち建物は，西欧諸国の法制度とは異なり，つねに独立した不動産とされるから，建物の敷地を買った者は，建物も一緒に買い受ける契約を結ばないかぎり，建物の所有者にはなれない。立木法によって登記をした樹木の集団（**コラム㊾を参照**）も土地とは独立した不動産となる。

　独立性のない定着物は，土地の一部分として扱われる。すなわち，土地の買主は，特別の留保がないかぎり，石垣や井戸などについても当然に所有者となる。これに対して，建設用の足場などのように継続的に土地に固定して利用されるとはいえない非定着物は，独立した動産であり，後に述べるように土地と主物・従物の関係に立たないかぎり，土地の買主がこの所有権をも取得するには，その旨の特別の約束（特約）が必要である。

動 産

　不動産以外の有体物はすべて動産である（86条2項）。ただし，金銭は特殊な動産で一般の動産とは異なる扱いを受ける（**コラム㊿と105頁のコラム㊶を参**照）。

2　主 物 と 従 物

　たとえば，土地に備え付けられた石どうろうや，建物に組み込まれたシステムキッチンやエアコンは，簡単に取り外せるから土地や建物とは独立した動産である。しかし，これらは，土地や建物と継続的に結合してその経済的価値を高める役割をはたしている。そこで，民法は，主物と従物という複数の物の間の特殊な結合関係を認め，主物を処分する場合に従物も一緒に処分する意思であるとの推定を置いた（87条2項）。したがって，従物を除外して

表5-2　土地の定着物の種類と例

不動産	定着物	土地そのもの（地中の鉱物や岩石を含む）		
		土地の一部分	土地の構成部分としてつねに土地の取引に従う物	石垣，敷石，トンネル，井戸，舗装，溝
			土地の構成部分であるが土地とは別個に取引の対象にできる物	立木法が適用されない樹木，収穫前の農作物，銅像，線路，鉄管
		土地の構成部分ではなく，つねに土地とは別個に取引の対象となる不動産		建物，立木法が適用される樹木の集団
動産	非定着物	土地の構成部分ではなく，つねに土地とは別個に取引の対象となりうる動産		石どうろう，仮植中の樹木，建設用の足場

★ コラム㊾：立木法とは

　「立木ニ関スル法律」（明治42年法22号）の略称で，本来は土地の定着物として土地の所有権に服する樹木の集団を，地盤とは独立して処分（売却や抵当権設定）することを可能にするために制定された。しかし，すぐに伐採するつもりで買い受けた者が，わざわざ手間と費用をかけて登記をするのは無駄であるなどの理由で，取引界での実際の利用度は低いようである。立木法が適用されない樹木についても，これを地盤と独立に取引の対象として公示する慣習が認められており，明認方法とよばれる。その効力をめぐっては，判例法が独自の発展を見せている。これについては，物権法で詳しく学ぶ。

売るとの特約をしないかぎり，土地の買主は従物である石どうろうについても所有者となり，建物の買主は従物であるシステムキッチンやエアコンの所有権も取得することになる。どういう場合に，主物と従物の関係が認められるかについては，**コラム㊽**の整理および106頁の**コラム㊿**を参照。

3　元物と果実

　植物の実や動物の子や牛乳や卵などのように，物の用法にしたがって産み出される物を天然果実（88条1項）といい，こうした果実を産み出す物を元物（「がんぶつ」とも読む）という。また，建物を貸した場合の家賃のように，物の使用の対価として受け取る金銭などを法定果実という（88条2項）。売買などによって元物の所有者が変わった場合には，誰が最終的にそうした果実の所有者となるかについて争いが生じることがあるので，民法は次のような規準を置いている。もっとも，契約によって特別の約束をした場合には，そ

れが民法の規定よりも優先することに注意するべきである（**第7章**第1節1（136頁）を参照）。

　天然果実の場合には，元物から分離する時に果実を収取する権利を持つ者（元物の所有者や，賃借人のように所有者から収益権を得ている者）が，果実の所有者となる（89条1項）。本章の扉の例では，親犬の贈与を受けた者が引渡し前に生まれた子犬についても所有者となる（売買の場合には575条1項が特別ルールを置く）。法定果実の場合には，その果実を収取する権利の存続期間にしたがって，日割りで計算をする（89条2項）。たとえば，月極めの駐車場の所有者が13日に土地を売って引き渡したとすると，13日までの利用料金は売主が，14日以降の分は買主が取得することになる。もっとも，これは新旧の権利者間での配分を定めているにすぎず，駐車場の利用者に対しては，利用料金の支払期日に所有者として登記されていた者がいったん全額を請求でき，その後当事者間で上のような規準に基づいて精算することになる。

★ コラム㊴：お金の不思議

　お金（法律上は金銭または通貨とよぶ）はもっとも重要な流通の手段なので，お金を受け取る場合に，支払う相手方がそのお金を盗んできたのではないか，とか，誰かから預かっているお金を無断で流用しているのではないか，などといちいち疑って調べないといけないようでは，不便で仕方がない。そこで，お金については，①現に所持している者がそのお金の所有者だと扱われる。したがって，②即時取得（192条）は適用されず，支払（引渡し）を受けた者が無条件にそのお金の新たな所有者となる。

　また，お金の支払を求める債権についても，普通の債権とは異なっている。紙幣には固有の紙幣番号が振ってあるため特定は可能であるが，お金には，物としての個性がなく，大事なのはその価値だけである。だから，③1万円札1枚を借りて使った場合，1万円の価値を返せばよい。つまり，使ったその1万円札を追いかけて取り戻しそれを返す必要はないし，1万円札に代えて千円札10枚で返してもよい（402条1項参照）。さらに，④お金がすべて世の中から消えてなくなることはありえないので，お金を約束の時に払えない場合には，つねに遅れた分の損害金を払わねばならず，どういう言い訳もきかない（419条）。

★ コラム㊵：暗号資産

　通貨には，現金通貨と預金通貨がある。現金通貨は，各国やヨーロッパ連合の中央銀行が発行する有体物である紙幣や硬貨（日本では補助貨幣で通貨でない）である。これに対して，ビットコインに代表される暗号資産とは，インターネット上などの仮想コミュニティにおいて，電子的な取引の支払手段として使えるとその参加者が了解したものを指し，通貨の裏づけがある電子マネーとも異なる。

　暗号資産は，電子的取引についての新しい工夫として発展が期待される一方，通貨のように国家権力によって価値を保証されているものではないので，詐欺的な取引に悪用されるなどの問題点も指摘されている。「資金決済に関する法律」（平成21年法59号）が，取扱事業者を規制している。

★ コラム㊹：主物・従物関係の要件と問題点

① ともに独立の物であること

　　動産だけではなく，不動産も従物とされる場合がある（下記③を参照）。

　　万年筆の本体とキャップはそれぞれが独立した物ではなく，あわせて１つの物である。コーヒーカップとソーサーもあわせて一体の物と見られるのが通常であろう。しかし，高級陶器などでは，別売りとなっているものもあり，一概には断言できない。

　　また，土地の定着物のうち，石垣の石のように独立性のない物は，土地の一部分であり従物ではない。逆に，建物は完全に独立しており，土地の従物にはならない。

　　従物だけを主物と別個に処分することもできる。

② 一方（従物）が継続して他方（主物）の効用を助ける機能をはたしていること

　　営業用の器具なども，建物の利用の目的次第では，建物の従物と認められることがある。コンピュータとプリンタの関係も，変わってきている。LANで複数コンピュータからの共同使用が可能なプリンタは，特定のコンピュータの効用を助ける従物とはいえない。

③ 従物が，主物に「附属する」と認められる程度の場所的関係にあること

　　別棟の納屋や便所などは，物理的には母屋と離れていても，母屋に附属すると認められる場合には，従物である（附属建物）。

④ 主物・従物がともに同一の所有者に属すること

★ コラム㊺：従たる権利？

　　判例は，建物と敷地の利用権のように，権利についても主物・従物に準じる関係の成立を認めている。したがって，借地上の建物の買主は，原則として，その建物の利用のための土地の利用権（借地権）をも取得することになる。

　　もっとも，建物の価格が時間の経過とともに下がる一方で，借地権が大都市の都心部では，建物のない宅地（更地）の価格の７〜８割にも及ぶことを考えると，結論はともかく，その理由として建物の所有権が「主たる権利」で借地権が「従たる権利」だというのは，常識的な感覚では主従が逆のようにも思える。

第**6**章　法律行為と意思表示

　自由な意思に基づいて自らの法律関係を組み立てていくことができるという私的自治の原則は，具体的には，法律行為と意思表示という制度を通して現われる。法律効果の発生を望む意思を表示する行為を意思表示といい，この意思表示を不可欠の要素として，法律効果を発生させる法律要件を法律行為という。

　本章では，まず，法律行為と意思表示の制度の関係を学び，次に，離れた場所にいる人に向けた意思表示はどういう形で行われ，どういう問題が生じるのかを学ぶ。さらに，法律行為・意思表示の内容は明確でないことも多いが，こうした場合には，どうなるのかを学習する。最後に，意思と表示が一致しない場合や意思決定の過程に問題がある場合（本書ではあわせて不完全な意思表示とよんでいる）をどう扱うのかを検討する。

第 1 節　法律行為と意思表示の関係

1　意思表示は効果意思と表示行為から成り立つ

　法律上の効果を発生させようとする意思を（内心の）効果意思といい，これを外部に表明するものを表示行為という。たとえば，書店で『民法総則』の教科書を買う場面を思い浮かべてみよう。『民法総則』の教科書を表示されている価格で買いたい，すなわち，代金と引き換えに自分の物にしたい，というのが効果意思で，本をレジで差し出した行為が表示行為にあたる。表示行為は，通常は言葉によることが多いが（口頭の場合も書面の場合もある），言葉だけが表示行為ではない。この例のように，本を黙って差し出したとしても，それがレジで行われているときには，差し出した本を買おうという意思の表示だと理解される（黙示の意思表示という）。

2　法律行為は意思表示を核とする

　1 個の意思表示だけによってその意思表示通りの法律効果が発生するとは限らない。たとえば，店頭で値引きの交渉をしている場面を思い浮かべてみよう。客が，7 万円という値札の表示がしてあるカメラを 5 万円なら買う，という意思表示（申込み）をしても，そのカメラを 5 万円で売買する契約が成立するわけではない。店側がその値段でも結構ですという意思表示（承諾）をしてはじめて，つまり，売主と買主の意思表示の合致（合意）があってはじめて，法律効果が発生することになる。先の書店の例でも，表示価格で買いたいという申込みに対して，店員がレジを通すことで，その値段で売るという書店の承諾が合致して合意が成立していると見るのである。契約の

場合には，つねに，複数の意思表示の合致が必要である。合意に加えて，さらに別の要件をみたす必要がある契約もある（111頁の**コラム㊳**も参照）。

　これに対して，たとえば遺言は遺言者が一定の方式で意思表示を行うだけで成立し，遺言者の死亡により効力が生じる。遺言には，法的な意味での相手方が存在しない（相続人などは法的な意味では相手方ではない）。また，契約の解除や取消し，債務の免除などでは，相手方はあるがその承諾は必要でない。このように，表意者の一方的な意思表示だけで法律効果が発生するものは，単独行為とよばれ，意思表示の内容がそのまま法律行為の内容となる。さらに，会社の設立などのように，数人の者が同一の方向を向いた共通の目的に向かって意思表示をするものを合同行為という（111頁の**コラム㊴**を参照）。

　法律行為という概念は，このように，意思表示を中心的な要素として法律効果を発生させるさまざまな場合をまとめている抽象的な概念なので，理解しにくいところがある。そこで，特別な例があげられていないかぎり，法律行為という言葉が用いられているところでは，法律行為の中でも最も重要な契約，それも日常生活に密着した売買契約を思い浮かべればよいだろう。

第2節　意思表示の到達と受領

1　対話者と隔地者

　当事者が面と向かっている場合や電話でやりとりをする場合（対話者間の意思表示という）には，意思表示は即時に相手方に伝達され理解されるので，成立と同時にその効力が発生する。しかし，たとえば，契約の解除の意思表示を書面で送ったり，使者を通じて伝達する場合には，相手方がその意思表示の内容を知るまでには時間的なすきまが生じる（隔地者間の意思表示という）。

時間的なすきまのあることが重要で，たとえ隣人同士の間であっても隔地者となりうるし，反対に北海道と沖縄の間であっても電話やテレビ会議を用いた意思表示は対話者間の意思表示である。

2 意思表示はいつ成立するか

意思表示は，意思の表明によって成立する。したがって，表意者が発信後に死亡したり，意思能力を失ったり，行為能力を制限されても，その意思表示の通知が相手方に到達すれば効力が生じる（97条1項・3項）。

3 意思表示はどの時点で効力を発生するか──到達主義の原則

それでは，隔地者間の意思表示の場合（対話者間では問題にならない），いつの時点で意思表示の効力が発生するのであろうか。民法は，到達主義の原則を採用している（97条1項）。もっとも，一定の場合（20条，会社法299条，特定商取引法9条2項など）には，それぞれ固有の理由で例外的に発信主義が採られている（112頁の**コラム⑩⑪**を参照）。以下の説明では，単独行為にあたる契約の解除や取消しの意思表示を頭に思い浮かべてもらいたい。

到達主義によると，意思表示は，その通知が相手方に届かなければ効力を発生しない。不着や延着の危険は表意者＝発信者が負う（113頁の**コラム⑫**を参照）。その反面，発信者は，意思表示の通知が相手方へ到達する前であれば，発信後も，その意思表示の効果を将来に向かって消滅させること（撤回）ができる。たとえば書面を郵送して解除の意思表示をした場合，それが相手方に着かないうちなら，電話やメールなどによって先に行った解除の意思表示を撤回することができる。これに対して，発信主義によると，表意者は，いったん効力の発生した意思表示を撤回することができない。意思表示の通知が不着に終わったり，通常考えられる時より遅く着いても（延着という），意思表示はすでに発信時に効力を生じている。

★ コラム㊽：諾成契約・要物契約・要式契約

意思表示の合致＝合意だけで有効に成立する契約を，諾成契約という。民法は諾成契約を原則としている（522条）。

これに対して，合意に加えて，物の引渡しを必要とする契約を要物契約という。お金の貸し借りである消費貸借契約（587条）は，この例である。これまで要物契約とされてきた契約が，2017年の民法改正によって諾成契約として再構成された（代物弁済契約の482条，使用貸借契約の593条，寄託契約の657条）。

また，慎重に意思決定を行わせるなどの目的で，書面または電磁的記録で行わなければ効力を生じない契約を要式契約という。権利についての協議を行う旨の合意（151条），他人の債務について保証人となる契約（446条２項・３項），免責的債務引受による担保の移転についての保証人の承諾（472条の４第４項・５項），貸主に貸す義務を生じる消費貸借契約（587条の２）などが民法上の要式契約である。

★ コラム㊾：意思表示の結合のしかたによる法律行為の分類

《契約》

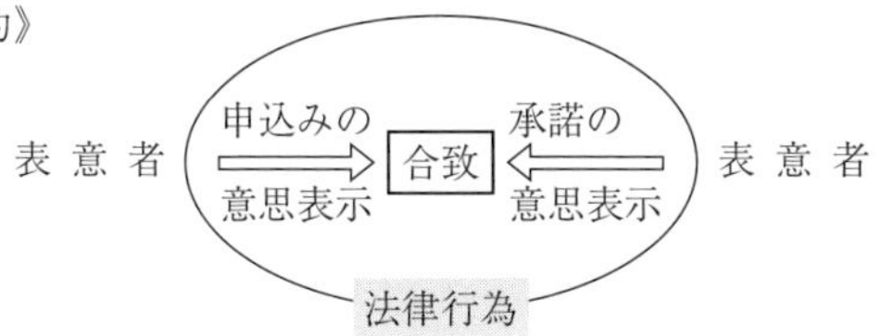

《単独行為》

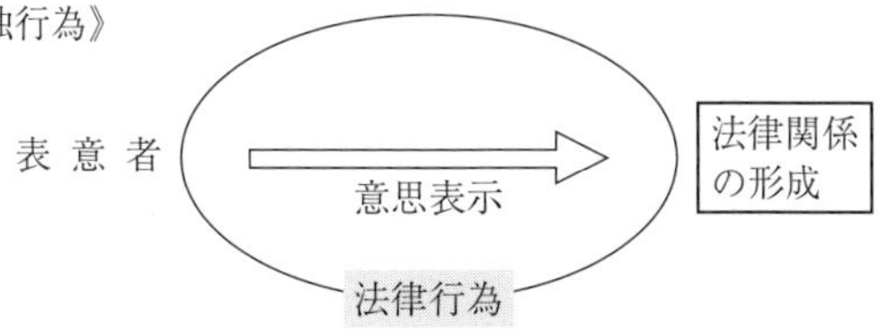

《合同行為》

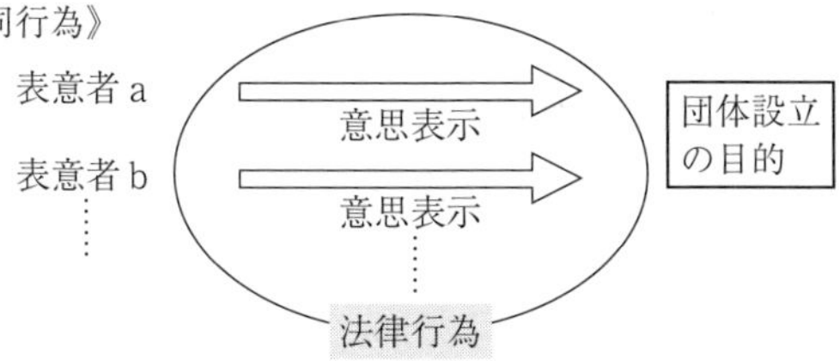

4 相手方が不在の場合や受領を拒絶する場合はどうなるか

意思表示の通知が相手方の支配圏内に入れば，相手方がその事実を知ったり，その意思表示の内容を現に理解することまでは必要ではない（**ケースのなかで6**（114頁）参照）。そうでないと，いつまでも効力が発生しないことになり，発信者に不利益だからである。したがって，留守宅に郵便による意思表示が配達された場合でも到達したことになる。また，たとえば契約解除の意思表示であると察したなどの理由で，相手方が受領を拒む場合のように，相手方が正当な理由なく意思表示の通知が到達することを妨げたときは，その通知は，通常到達すべきであった時に到達したものと扱われる（97条2項）。

★ コラム㊷：書留郵便と配達証明

到達した意思表示の内容が表意者の主張するものとは違うとか，そもそも意思表示が到達していないなどと相手方が争えば，裁判では表意者が到達を立証しなければならない。このため，意思表示の内容を公的に証明する手段として内容証明（**図6－1**）があり，意思表示の到達を証明する手段として配達証明（115頁の**図6－2**）がある（いずれも引受から配達までを記録する書留郵便の一種で，郵便局が追加料金を取って証明書を差出人に渡すものである）。

なお，書留郵便では，受領者が不在であれば郵便局に持ち帰られ，配達通知が置かれる。相手方は，時間を指定して再度の配達を郵便局に依頼するか，配達通知と印鑑および身分を証明するものを持参して郵便局に取りにゆく，という仕組みになっている。このように書留郵便は相手方の現実の受領を確実にするものであるから，配達通知の時点で意思表示が到達したとみるべきではなく，相手方が配達通知に基づいて現実に受領することが可能になった時点を到達時とするべきであろう。

図6－1　内容証明郵便

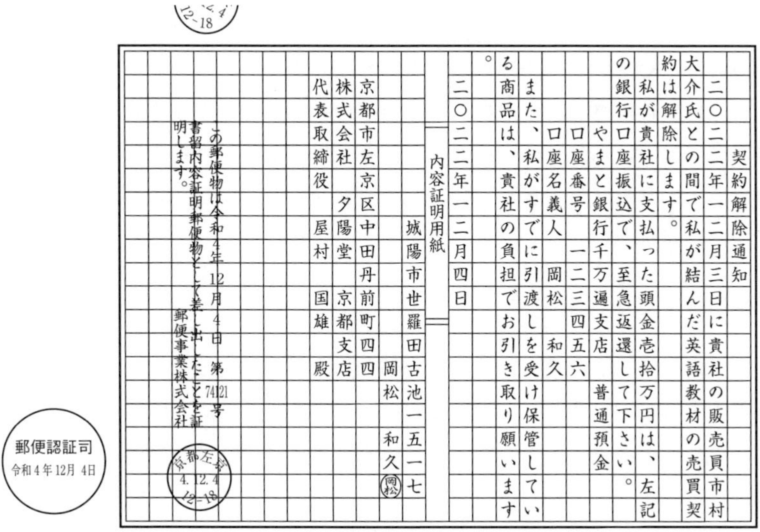

契約解除通知
二〇二二年一二月三日に貴社の販売員市村
大介氏との間で私が結んだ英語教材の売買契
約は解除します。
私が貴社に支払った頭金壱拾万円は、左記
の銀行口座振込で、至急返還して下さい。
やまと銀行千万遍支店　普通預金
口座番号一二三四五六
口座名義人岡松和久
また、私がすでに引渡しを受け保管してい
る商品は、貴社の負担でお引き取り願います
。
二〇二二年一二月四日
内容証明用紙
城陽市世羅田古池一五一七
岡松和久　岡松
京都市左京区中田丹前町四四
株式会社夕陽堂京都支店
代表取締役屋村国雄殿
この郵便物は令和4年12月4日第74121号
書留内容証明郵便物として差し出したことを証
明します。
郵便事業株式会社
郵便認証司
令和4年12月4日
京都左京
4.12.4
12-18

（注）　電子内容証明（e 内容証明）サービスもある。

　X社は，Y社が賃料を払わないので，催告をしたうえで賃貸借契約を解除して土地の明渡しなどを求めた。ところが，たまたま会社に遊びにきていたYの代表取締役Aの娘が，通常の請求書と思ってその催告書を受け取り，Yの従業員に告げることなくAの机のひきだしに入れた。そこで，Yは，催告書は到達しておらずXの解除の意思表示は無効である，と主張した。裁判所は，意思表示の書面がYの支配圏内に置かれYが知ることができる状態になれば，受領権限のある者が受け取ったのでなくても，97条の到達があったと理解するべきである，としてYの主張を退けた。

　　　　《意思表示の到達，催告，受領権限，契約解除……最判昭36年4月20日》

5　相手方がわからないような場合——公示による意思表示

　たとえば，家主が，借家人の死亡を機に賃貸借契約を解約して賃貸建物の明渡しを求めたいが，相続人が誰だかわからない場合，あるいは，詐欺によって契約を結ばされた者が取消しの意思表示をしたいが，詐欺者が行方不明の場合には，どうすればよいか。民法98条は，こういう場合に公示による意思表示という制度を用意している。条文に照らしながら，各自が内容を確認していただきたい。

6　意思表示を受け取る能力が欠けている場合はどうか

　すでに述べたように，意思表示が到達によって効力を発生するためには，その相手方が少なくともその内容を理解できる可能性がなければならない。そこで，意思表示の相手方がその意思表示を受けた時に意思能力を有しなかったとき，または意思表示の内容を理解する能力が不十分な成年被後見人や未成年者であったときは（被保佐人と被補助人にはその程度の能力は認められていることに注意），意思表示をした者は，その意思表示の効力をこうした相手方に対抗することができない（98条の2本文）。「対抗することができない」

図6-2　郵便物配達証明書

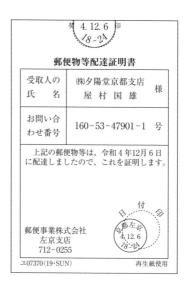

というのは，無効ではなく，相手方の意思に反して有効だと主張できないという意味なので，相手方から逆にその意思表示が有効だと主張することはできる。

　また，相手方の法定代理人や能力を回復した相手方がその意思表示を知れば，意思表示をした者は，その意思表示の効力を相手方に対抗できることになる（同条ただし書）。この場合には，受領能力が法定代理人によって補完されているか，相手方本人がそれを回復しているからである。

第3節　法律行為と意思表示の解釈

1　なぜ法律行為や意思表示を解釈する必要があるのか

　たとえば，買主が学生であるのに支払の条件を「ボーナス一括払」とする契約書を使った場合のように，法律の素人の行う契約やそれを構成する意思表示は，ときに意味が明確でなかったり，内容に論理的な矛盾を含む。そも

そも争いとなっている点に関して何も定められていないことさえ多い。そこで，紛争を解決するためには，その規準となる法律行為の内容を明確にし，論理的に整え，定められていない点を補充しなければならない。場合によっては，一見明確な内容を，信義則などを用いて実質的に修正することも必要となる。これが法律行為の解釈である。第4節（119頁以下）で学ぶ不完全な意思表示の問題は，法律行為が解釈によって確定した後に検討されることになる。解釈によってもなお内容を確定できない法律行為は，無効である。

2 法律行為を解釈する方針や規準はどういうものか

民法にはこの点について明確な規定はないが，まず，当事者が定めたことの内容を明確にし，次に，定めのない場合に当事者の意思を補充し，さらに，慣習法や任意規定の適用を考えることになる。具体例を**コラム⑥**に示すので，本文と照らし合わせて読んで欲しい。

まず，表示の意味を明らかにする必要がある（狭義の解釈）。ただ，当事者双方が表示に与えた意味が一致していれば，表示の一般的な意味は問題にする必要がない。当事者が表示に与えた意味がくい違っている場合には，具体的な事情を前提に，言語慣習など社会一般の理解に従った客観的な意味を明らかにする必要がある。いずれの場合にも，相互に矛盾したり曖昧な条項については，当事者の意図全体に照らして合理的・統一的に解釈する必要がある。また，なるべく有効になるように解釈するべきである。

当事者が明確に定めていない事項についても，まずは，定めのある事項を類推したり，反対に解釈するなど，当事者の意図全体を尊重して，これを補充する必要がある。

当事者が定めていない事項については，「公の秩序」すなわち強行規定（これと対となるのが任意規定。これらについては**第7章**（136頁）で学ぶ）に反しない限り，当事者に共通の慣習法が規準となる。92条は，「法律行為の当事者がその慣習による意思を有しているものと認められるとき」と表現してい

★ コラム⑥：解釈の具体例

クーラーとエアコン──誤表は害さず　たとえば，建物に冷暖房兼用エアコンを設置する旨，注文主と工務店の間で意思の合致があれば，契約書において誤ってクーラーと表示していても，冷房専用エアコンではなく，冷暖房兼用エアコンが目的物である。

化けたたぬき──客観的意味の確定　「たぬき（そば）」は，東京では「天かす入り」，大阪では「油揚げ入り」，というように言葉の用法が違う。東京の人が出張先の大阪のそば屋で「たぬき」を注文した場合には，「油揚げ入り」のそばを注文したものと解される。つまり，言語習慣については，「郷に入っては郷に従え」ということになる。また，先の例で，注文主だけが冷暖房兼用エアコンを考えていたにすぎない場合には，「クーラー」という表示は，通常の用語法に従って，冷房専用エアコンの意味だと解される。

いずれの場合にも，注文者には錯誤を理由とする取消しの主張が認められる可能性がある。錯誤取消しが主張できれば，東京人は「油揚げ入り」に「化けた」たぬきの受け取りを拒否して，代金を払わずにすませることができる。

ボーナスなければ支払う必要なし？──曖昧な条項の解釈　「ボーナス一括払」は，一般にボーナスが支給される時期を支払の時期とする，という意味だと理解される。したがって，給与生活者でない学生が買主であってもその時期まで支払う必要はないし，買主の勤める会社の業績が悪化してボーナスが支給されなくても，買主はその時期には支払わなければならない。

犬猫騒動──補充的意思解釈　猫を飼ってはいけないというマンションの規約がある場合に，犬を飼うのは規約違反になるだろうか。ペットの飼育禁止の一例として猫があげられているにすぎないと解されるならば，犬を飼うのも規約違反になろう（類推解釈）。しかし，猫嫌いの住人がとくに迷惑に思う猫だけを禁止する趣旨であったとすると，犬を飼うのは規約違反にはならない（反対解釈）。このように当事者の意図次第では，同じ文言からまったく反対の結論が導かれる。

賃料は後払──任意規定の適用　部屋を月額5万円で貸すとのみ合意して賃料の支払時期を決めていない場合には，月末の後払になる（614条）。これは，一般的な意思を推測・補充する規定であり，当事者は前月末払や一定期間分の一括払を合意で定めることもできる。

例文解釈　当事者の名前などだけを書き込むようになっている市販の契約書に，「家賃の支払が1回でも遅れれば家主は直ちに賃貸借契約を解除できる」という条項があっても，これは単なる例文にすぎず，当事者には，そのような特約に拘束される意思はない，とする裁判例が多い。

るが，身近な慣習法は暗黙のうちに行動の規準とされるのが自然だから，とくに慣習法と異なることを定めない限り，慣習法が規準となる（→**ケースのなかで7**）。一般的には任意規定が慣習法に優先するのであるが（法適用通則法3条），法律行為に関しては，特則としての92条によって慣習法が任意規定に優先する。

　当事者の定めや慣習法によっても紛争解決の規準が明らかにならない場合には，任意規定が適用される。逆に表現すれば，法律に規定があっても，それが当事者の意思を推測または補充する任意規定であるときには，当事者は，その規定と異なることを定めることができるのである（私的自治の優先）。

> **ケースのなかで7　黙っていれば慣習法があてはまる**（塩釜レール入事件）
>
> 　塩釜の買主Xが新潟の売主Yから「塩釜レール入」という条項が入った契約書を用いて大豆粕を買ったが，引渡期日後約2か月してもYが積み出さないので，Xは契約違反を理由に契約を解除して損害賠償を請求した。Yは，Xが代金を提供するまでは自分が先に積み出さなくても契約違反にはならないとして争った。裁判所は，当事者が慣習の存在を知りながらとくに反対の定めをしないときにはこれによるとの意思を推定する。「塩釜レール入」とは，商品が塩釜駅に到着してはじめて代金を請求できるという商慣習であるから，Yの主張は認められない，とした。《表示の解釈，慣習法，同時履行・異時履行……大判大10年6月2日》

　任意規定も存在しない場合には信義則や条理が規準となる。ただ，これらは，法律行為の補充だけではなく，明確に定められている法律行為の内容を，解釈の名のもとに，合理的に修正するという機能を果たしている場合もある（**第2章**第3節3（42頁））。

第4節 不完全な意思表示

意思主義と表示主義

　『民法総則』の本を買うつもりで，間違えて『債権総論』の本を買ってしまった場合を考えてみよう。買主がレジで『債権総論』を差し出した行為は，通常は，その本を買いたい（売買契約によってその本を自分の所有物にしたい）という意思を表示したものと理解されるから，レジ係が会計処理をすれば外形上は合意ができていて，その本の売買契約が成立する。しかし，法律効果が発生する根拠を意思に求める考え方からすれば，『債権総論』ではなく『民法総則』を買う意思であった買主は，取替えを請求できてもよさそうである。一方で，その本がたとえば注文に応じて書店が取次店に発注していた本だったとすれば，取替えは書店にとって不利益となる。

　つまり，多くの場合，法律行為には相手があり，表意者の内心の意思は相手方からはわからない。そこで，表意者の意思だけを問題にするのではなく，相手方が，言葉や身ぶりなどによって伝達されたところを手がかりに表意者の意思を理解し，それを信頼して行動するという点も考慮しなければならないことになる。内心の意思と表示（正確には表示からうかがえる意思）がくい違う場合に，表意者の意思を重視する考え方を意思主義といい，表示に対する相手方の信頼を重視するものを表示主義という。

　意思主義の考え方を貫けば，意思と合致しない表示の効力は否定される。設例では『債権総論』を買おうという意思表示の効力が否定されるため，売買契約も無効となって，買主は本を返品して代金を返してもらえる。これに対して，表示主義に立てば，表示通りの効力が発生する。したがって，売買

表6-1　不完全な意思表示の概観

			意思と表示の不一致や意思の形成過程に問題があることについて			
			表意者	相手方		効果
効果意思が欠ける場合		心裡留保	知	知らず知ることもできなかった場合		有効
				知っているか知ることができた場合		無効
		通謀虚偽表示	知	知（通謀）		無効
瑕疵ある意思表示の場合		錯誤	不知	知・不知を問わない		有効だが取消し可能
		詐欺	通常は不知	知		有効だが取消し可能
				第三者の詐欺の場合	知らず知ることもできなかった場合	有効
					知っているか知ることができた場合	有効だが取消し可能
		強迫	通常は知	通常は知		有効だが取消し可能

(注)　心裡留保・通謀虚偽表示の無効は，善意の第三者に対抗できない。
　　　錯誤・詐欺の取消しは，善意・無過失の第三者に対抗できない。

契約は有効なので，買主は代金を返してもらえないことになる。

　民法は，表示に対応する効果意思の不存在の場合（101条を参照。2004年の現代語化前は「意思ノ欠缺（けんけつ）」とよんでいた）として，心裡留保・通謀虚偽表示を規定し，そのうち一定の場合には意思表示が無効だとする。一方，表示に対応する効果意思は一応存在するものの，意思の形成過程に問題がある場合（120条2項は「瑕疵（かし）ある意思表示」という）として，錯誤・詐欺・強迫をあげ，意思表示は有効だが取り消すことができるとする（**表6-1**を参照）。こうした民法の意思表示の規定は，しばしば意思主義的だと指摘されるが，以下に詳しく学ぶように，意思主義と表示主義の中間である。

　なお，当事者の真意が重視される身分行為（婚姻・離婚・養子縁組・遺言など）については，特別の規定が設けられている場合も多く，民法総則の意思表示の規定はそのままではあてはまらない。

4-Ⅰ　効果意思が欠けている意思表示

1　心 裡 留 保

心裡留保とは何か

　上司と意見が衝突し，内心では引き留めてくれるのを期待しながら辞表を提出した場合，上司がこれを受け取ってしまったら，会社を辞めなければならないだろうか。このように，効果意思（この場合，辞めるという意思。法律的には雇用契約の解除または解約申入れ。626条・627条）がないのに，表示行為を行った場合を，心の内に表示と異なる意思（真意）を留めているという意味で，心裡留保という（「裡」は「裏」の俗字で内側という意味がある。「理」と間違わないこと）。

　民法は，心裡留保の場合，原則として表示主義を採用し，表示通りの効果を発生させる（93条1項本文）。しかし，相手方が，その意思表示が表意者の真意でないことを知り，または知ることができたときは，表示に対する正当な信頼がないので，例外的に意思主義に基づいて，意思表示は無効となる（同項ただし書）。意思表示の無効を主張する表意者は，相手方が表意者の真意を現に知りまたは知ることができたことを，主張・立証しなければならない。

　意思表示の当事者間では無効であっても，その無効は，そのような事情を知らない第三者（「善意の第三者」とよぶ）には対抗できない（93条2項）。たとえば，Aが贈与する意思もないのに，Bと土地の贈与契約を結んで，登記簿上の所有者名義をBに変えたところ，Bが，その土地を善意のCに売却したとしよう。Bが最初からAに真意がないことを知っていれば（このようにある事実を知っていることを「悪意」という），次に述べる通謀虚偽表示で無効だともいえるが，仮にBが善意であってもAの真意を知ることができた（知らなかったことに過失がある）場合には，AはBに贈与契約の無効を主張できる。

しかし，Aは真意でない意思表示を故意に行っているのであるから，表示を信頼して新たな法律関係を結んだCを犠牲にしてまでAを保護する必要はない。そこで，93条2項は，心裡留保の無効は善意の第三者には対抗できないものと定めている。したがって，AはCが善意であれば，目的物の返還をCに請求することはできなくなる。2017年まで93条には，善意の第三者を保護する規定が欠けていたため，同年の改正で2項が追加された。同項に関する詳しい議論は，明治の立法時から規定があり判例もたくさんある94条2項と共通するので，通謀虚偽表示の個所でまとめて説明する。

なお，心裡留保の直接の適用が問題となる事例は少ない。むしろ，代理人が本人以外の利益を図って代理権を濫用した場合に93条を類推適用する判例が注目されていた。2017年の改正により，判例法の実質は維持しつつ，心裡留保から独立した規定が明文化された（107条。詳しくは，**第10章**（181頁）で述べる）。

2 通謀虚偽表示

通謀虚偽表示とは何か

たとえば，債権者の差押えを免れるために，Aが友人Bと相談してAからBに不動産の売買があったかのように登記簿上の所有者の名義を書き換えた場合，表示通りにBが所有者となるのだろうか。このように，相手方と通じて行う嘘の意思表示を通謀虚偽表示という。通謀虚偽表示の場合には，効果意思が欠けているのみならず，そのことを知っている相手方を保護する必要がないから，その意思表示は無効であり（94条1項），AはBから不動産の返還や登記名義の回復を求めることができる。

しかし，たとえばBが登記簿上所有者となっているのをいいことにAを裏切ってその不動産を善意のCに売却した場合は，心裡留保が善意の第三者に対抗できないという状況とほぼ同じである。Aは意思に対応しない表示を故意に行っているのであるから，表示を信頼して新たな法律関係を結んだCを

犠牲にしてまでＡを保護する必要はない。そこで，94条２項は，通謀虚偽表示の無効は善意の第三者には対抗できないものと定めている。したがって，ＡはＣが善意であれば，目的物の返還をＣに請求することはできなくなる。

通謀虚偽表示の要件・効果に関するいくつかの問題点

(1)「虚偽表示」とは　行われた表示に対応する効果意思が欠けていることをいう。したがって，まったく効果意思がない場合だけではなく，実際は賃貸借契約であるのに，売買契約書を作成して移転登記をしたような場合も含まれる。ちなみに，この場合には，意思表示が合致している限り，隠れた賃貸借契約は有効である。

(2)「第三者」とは　通謀虚偽表示の当事者やその相続人以外の者のうち，通謀虚偽表示の外形に基づいて新たに法律上の利害関係を持つに至った者を意味し，上の例のような買主Ｃのほか，その不動産につき賃借権や抵当権を取得した者，その不動産を差し押さえた債権者などがこれにあたる。なお，判例によれば，第三者として保護されるために登記や引渡しは必要でない。

(3)「善意」とは　第三者としての地位を取得した時点で，その意思表示が通謀虚偽表示であることを知らないことをいう。無過失まで必要とする学説も有力であるが，判例・通説は重大な過失（後述128頁を参照）さえなければ善意で足りるとしている。表意者が故意に虚偽の外形を作り出しておきながら第三者の過失を主張するのは，信義則に反するともいえるので，判例・通説の立場が正当であろう。なお，判例は，第三者の側で自分が善意であったことを主張・立証しなければならないとするが，登記など人をまどわせるような客観的な外形が存在していれば，逆に，通謀虚偽表示による無効を主張する表意者の側で第三者の悪意または重過失を立証するべきであろう。

(4)「対抗することができない」とは　善意の第三者が譲歩して無効を認めることはかまわないが，表意者やその他の者が善意の第三者の意に反し

て無効を主張することはできない，という意味である。善意の第三者が登場しても，通謀虚偽表示の当事者の間では，問題の意思表示はあくまで無効である。目的物の返還が不可能になっても，AはBに対して，その目的物に代わる価額の償還を求めることはできる（121条の2第1項の原状回復義務）。

94条2項が類推適用される場合

Aが友人Bに無断でBの名前を借用して，A所有の不動産につきBへの移転登記を行ったところ，後にBの債権者CがB所有の不動産であると信じて差し押さえた場合はどうなるだろう。この場合，AにはBと売買契約を結ぶ意思がないため，Bに所有権は移らない。ところが，この設例のように，目的物が不動産の場合には，動産の場合（192条）とは違って，権利の外観を信じた者を保護する規定（登記の公信力）がないから，B名義の登記という外形を信じたCを保護することはできない。さらに，AとBの間には「通謀」がないから，94条2項を適用して善意のCを救うこともできない。

しかし，94条2項の規定が考慮していることの核心は，表意者（真実の権利者）と第三者の利益の均衡であって，中間者（設例ではB）のかかわり方は重要ではない。そこで，判例・学説は，まず，①「通謀」がない場合にも94条2項の考え方を類推して善意の第三者を保護する。さらに，②真実の権利者が積極的に虚偽の外形を作り出したのではない場合にも94条2項の類推適用を拡張している。すなわち，虚偽の外形の存在を事後的に承認していた場合や，表意者が当初予定していた以上の虚偽の外形が中間者によって作り出された場合にも，通謀虚偽表示により故意に虚偽の外観を作り出したのに等しい（同程度の重い帰責性がある）ものと評価されうるのである。

こうした判例・学説の発展によって，不動産登記に公信力が認められていない不都合が緩和され，94条2項は，一般的な信頼保護の法理の手がかりとして活躍しているのである（その限界については**コラム㉔**を参照）。

4-Ⅱ　意思形成の過程に問題がある意思表示

　たとえば，売主にだまされたりおどされたりして，役に立たない高価な物を買わされたとしても，原則として，買主にはその物を買うという意思はあり，意思が欠けている場合のように無効とはいえない。しかし，買主の意思の形成過程に問題があるので，民法は，こうした場合に表意者に取消権を認

めている。以下では，錯誤・詐欺・強迫の順に詳しくみていく。

1　錯　　誤

錯誤とは何か

　本の買い間違いの例のように，真意と対応していない表示がされ，そのことを表意者自身が意識していない場合を錯誤という。民法は，錯誤による意思表示は，取り消すことができるとしている（95条1項本文）。取消しとは，意思表示が有効に成立するとしつつ，その意思表示を無効にするかどうかを表意者が選べるとするものである。

　2017年改正前の民法95条は，意思表示に対応する意思が欠けている場合のみを想定して，錯誤の効果を無効としていた。しかし，後にみるように，判例において，動機の錯誤も考慮されていること，無効を主張できるのは原則として表意者のみであると解されてきたこと，および錯誤の主張に期間制限を設けることが適切であるとの考慮から，錯誤の効果は取消しに改められた（無効と取消しの異同は**第8章**（149頁以下）で詳しく説明する）。

錯誤の種類

　意思表示のどの過程で錯誤が生じたかによって，錯誤は大きく2つの種類に分けられる。

　(1)　**表示行為の錯誤**　　意思表示の内容自体についての錯誤を表示行為の錯誤といい，さらにこれは次の2つに分けられる。①本の買い間違いの場合や金額・品名などを書き誤ったり言い間違えた場合などのように表示の仕方を誤った場合（表示上の錯誤），および，②香港ドルと米ドルの円との交換比率が等しいと誤解して米ドル決済のつもりで香港ドルで決済すると意思表示をした場合のように，表示の持っている通常の意味とは違う意味を表示と結び付けた場合（表示内容の錯誤）である。本人が表示行為を誤ったのではないが，使者が誤って意思表示を伝達した場合も，①に準じて表示行為の錯誤と

して扱われる。

（2）　動機の錯誤（基礎事情の錯誤）　　たとえば，子牛を得るために雌牛を買ったところ，妊娠していると思っていたその雌牛が実は病気で腹がふくれていたにすぎなかった場合のように，意思の形成過程に事実誤認があり，それに基づいて意思表示を行った場合を動機の錯誤という。

買主は，妊娠した雌牛であることを前提にして売買契約を結んだのであるから，その前提が存在しないのは一種の思い違いである。しかし，表示が単に「この牛を買いたい」というものであれば，その限りでは表示と意思の不一致はない。また，動機にはさまざまなものがあって相手方に知られていないことも多く，むしろ，前提となる事実が存在しないことの危険は，表意者が負担するべき危険である。たとえば，眼鏡をなくしたと思ったので眼鏡屋に新しい眼鏡を注文したが，置き忘れた眼鏡が出てきた場合，「眼鏡をなくした」という思い違いは，本人の負うべき危険であり，契約相手の眼鏡屋に転嫁することを許すべきではない。

したがって，判例は，原則として，動機の錯誤による無効の主張を認めなかった（→**ケースのなかで8**（次頁））。例外として，動機が明示または黙示に表示されて意思表示（したがって法律行為）の内容となっている場合に限り，動機の錯誤による無効が主張できる，とされてきた。これに対して，表示行為の錯誤と動機の錯誤を区別することは困難なので，両者を統一的に扱うべきだとする考え方が，学説上は近時多数になっていた。動機の錯誤の場合も一定の歯止め（次頁以下の(1)や(3)）を考慮すれば原則として無効の主張を認めてよい，とするのである。この考え方によると，錯誤は効果意思の欠けている場合に限られず，広く，動機を含めて真意と表示が一致しないこと，と定義される。

2017年に改正された95条は，「表意者が法律行為の基礎とした事情についてのその認識が真実に反する錯誤」（1項2号）を錯誤として認めるとともに，「その事情が法律行為の基礎とされていることが表示されていたときに限

り」という要件（2項）を設けた。これを基礎事情の錯誤といい，この要件の解釈には，動機の錯誤に関する従来の判例が引き続き参照されよう。すなわち，基礎事情が表示され，共通の了解とされて法律行為の内容となっていることが必要である。

ケースのなかで 8　他に保証人があるかどうかは原則として動機の錯誤

　X銀行は訴外Aが借金を返済しないので，連帯保証人Yに弁済を請求した。Yは，Bも連帯保証人となっているとAにだまされ，そう誤信して連帯保証人になったので，Xとの連帯保証契約は錯誤によって無効である，と主張した。裁判所は，保証契約はXとYの間に成立する契約であって，他に連帯保証人があるかどうかは，通常は保証契約を結ぶ単なる縁由（動機）にすぎず，当然にはその保証契約の内容となるものではない。Bも連帯保証人となることをとくに保証契約の内容としたとの事実がない以上，Yの主張は認められない，とした。

《動機の錯誤，保証契約……最判昭32年12月19日》

錯誤による取消しを主張するためにはどういう要件が必要か

　(1)　錯誤の重要性　　真意と表示が細部まで一致している必要はない。完全な一致がなければすべて錯誤で取り消されるとすれば，錯誤はいったん結んだ契約を免れる口実になってしまい，契約に対する相手方の信頼をそこなう。そこで，95条1項は，「錯誤が法律行為の目的及び取引上の社会通念に照らして重要なものである」ことを必要としている。もし錯誤がなかったら，表意者がそのような意思表示をすることはなく（主観的因果性），かつ，通常人であってもその意思表示をしなかったであろうと考えられるとき（客観的重要性），錯誤は重要なものと解される。具体的にどういう場合に重要な錯誤と評価されるかについては，**コラム⑥**を参照していただきたい。

　(2)　表意者に重大な過失がないこと　　重大な過失（重過失と略称する）のある錯誤とは，普通の人ならば問題の事情のもとで払うべき注意を著しく欠いて，安易に錯誤したことをいう。いわば許されない大ぼけの錯誤である。

```
┌────────────────────────────────────────────────────────────┐
│  ★ コラム㊙：重要な錯誤か否か                                   │
│  ①　人を間違えた場合                                            │
│    契約の相手方をAだと思ったところ，実はAではなくBだった場合，相手  │
│  方がAであることがその契約でどの程度意味をもっていたかが問題である。  │
│  信頼関係を重視する委任契約などでは，人違いは重要な錯誤になりやすい。  │
│  また，金銭の借主や代金後払の売買契約の買主など，支払能力が問題となる  │
│  場合にも，同様である。これに対して，金銭の貸主や，引渡しと代金支払が  │
│  同時決済される売買の売主・買主が誰であるかは一般的には重要でなく，人  │
│  違いがあっても錯誤による取消しはできない。                         │
│  ②　物を間違えた場合                                            │
│    本節の最初（119頁）にあげた例のように，売買の目的物を間違えた場合は，│
│  普通，重要な錯誤となり，取消しができる。                          │
│  ③　物の種類や品質を間違えた場合                                  │
│    判例によると，特定物の種類や品質は通常は動機であって意思表示の内容  │
│  にならないため，物の種類や品質が重要なものであるかどうかは原則として  │
│  問題にならない。しかし，たとえば，競争馬の売買における血統のように，  │
│  その種類や品質が法律行為の基礎とした事情とされていることが表示されて  │
│  いたときは，例外的に錯誤による取消しが可能となる。                 │
└────────────────────────────────────────────────────────────┘
```

こういう場合には，相手方を犠牲にしてまで表意者を保護する必要はないので，表意者は，重要な錯誤があっても取消しが主張できず（95条3項本文），意思表示は有効である。表意者の重過失については，錯誤取消しを否定しようとする相手方が主張・立証しなければならない。

　もっとも，表意者が錯誤したことを相手方が知り，または知らないことに重過失がある場合（95条3項1号），および表意者と相手方のどちらもが同一の錯誤をした場合（共通錯誤とよばれる。同項2号）には，相手方を保護する必要がないので，表意者は，たとえ錯誤につき重過失があっても，原則に戻って取消しを主張することができる。

　(3)　相手方の認識可能性（多数説のみの要件）　　表示行為の錯誤と動機の錯誤を統一的に取り扱おうとする近時の多数説では，上の(1)(2)の要件のほかに，表意者の錯誤（説によっては錯誤が問題となる事柄の重要性）について，相手方が認識可能であることが必要とされていた。この解釈は2017年の改正後にも成り立つ。この見解によれば，相手方が善意・無過失の場合には，表意

者は取消しを主張できない。これは，制度の趣旨に照らして，条文には明示
されていない制約を設ける解釈である。

錯誤の効果

(1) 取消権の発生　　重要な錯誤のある意思表示は取り消すことができる。
2017年の改正前の95条は，錯誤の効果を無効としていたが，取消しに近い無
効（取消的無効とか相対的無効とよばれた）と解釈されてきた。すなわち，この
無効は，錯誤した表意者を保護するためであるから，相手方や第三者が表意
者の意思に反して錯誤無効を主張することは，原則として許されない。たと
えば売買契約後目的物の価格が高騰した場合の売主や，逆に目的物の価格が
下落した場合の買主が，契約の拘束から免れようとして，自分の錯誤でなく
相手方の錯誤を理由に契約の無効を主張することがあったが，これは認めら
れなかった。

　2017年の改正は，錯誤の効果を取消しに改めた。それゆえ，ほかの取消し
の場合と同じく，取消しは取消権者のみが主張でき，取消権の主張には期間
制約があり，一定の時間の経過により（126条），または一定の行為によって
（法定追認。125条を参照），取消権は失われる。

(2) 錯誤取消しを主張する表意者の損害賠償責任　　相手方が表意者の錯
誤を知ることができなかった場合にその意思表示が取り消されて法律行為が
無効となれば，相手方の信頼は裏切られる。上に紹介した近時の多数説のよ
うに，こういう場合には錯誤取消しの主張自体を制限する，というのも１つ
の方法である。しかし，取消しの主張を一応認めつつ，錯誤者に不法行為
（709条）を理由に損害賠償責任を負わせることによって，相手方の不利益を
和らげることも可能である。このほうが，相手方の善意・無過失を問題にし
ていない95条の構成には，より適している。

(3) 第三者に対する錯誤取消しの制限　　錯誤に基づく取消しは，善意・
無過失の第三者に対抗することができない（95条4項）。錯誤者には，故意に

外観を作り出した心裡留保や通謀虚偽表示のような重い帰責性がないこととの均衡から，第三者の信頼は正当なものである必要がある。93条2項や94条2項と異なって第三者に善意だけでなく無過失まで必要とされるのは，こういう理由に基づく。

2 詐　　欺

詐欺を理由に意思表示を取り消すための要件は何か

(1)　二段の故意　　表意者をだまして錯誤させ，それによって意思表示をさせるという故意（二段の故意とよぶ）が必要である。意思表示の直接の相手方のみならず，第三者がだました場合も含まれる。

(2)　違法な欺罔行為　　取引社会では一定のかけひきや誇張は許されているので，表意者をだます行為（欺罔行為という）が，取引上の社会通念に照らして許される限度を越えた違法なものであることが必要である。相手方が錯誤していることを知りながら真実を告げないことや単なる沈黙は，普通，それだけでは違法な欺罔行為とはいえない。しかし，信義則上，相手方に真実を告げる義務があると認められる場合には，違法な欺罔行為だと評価されることもある。たとえば，専門知識を持つ事業者が消費者に物を売る場合には，沈黙であっても違法な欺罔行為だと認められやすいが，露天商の誇大表示は（少なくとも大人を相手にする場合）違法な欺罔行為とはいえない場合が多いだろう。

詐欺によって意思表示をした者はつねに取消しができるか

意思表示の直接の相手方が詐欺をした場合には，それにより錯誤して意思表示をした表意者は，つねにその意思表示を取り消すことができる。しかし，たとえば，自分には十分な財産があるからあなたには決して迷惑をかけない，と無一文の債務者が保証人となる人をだまして保証契約を結ばせた場合（次頁の**図6-3**，保証契約は債権者と保証人の間で結ばれることに注意），取消しを認

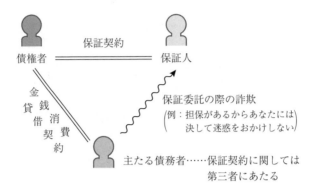

図6-3　第三者の詐欺の例（保証契約）

保証契約

債権者　　　　　　　　　　保証人

金銭消費貸借契約

保証委託の際の詐欺
（例：担保があるからあなたには
　　決して迷惑をおかけしない）

主たる債務者……保証契約に関しては
　　　　　　　　　　第三者にあたる

めたのでは，何も知らない債権者に著しい不利益となる。そこで，このように意思表示の当事者でない第三者が詐欺をした場合には，意思表示の相手方（この例では保証契約の相手方である債権者）が詐欺のあったことを知り，または知ることができたときに限り，取消しができるにすぎない（96条2項）。

第三者との関係はどうなるか

　詐欺の場合には，だまされた者にも軽率な点があり，何も知らない第三者に不利益を負担させるのはおかしい。そこで，民法は，詐欺を理由に意思表示を取り消しても，取消しの意思表示をする前に利害関係を持った善意・無過失の第三者には対抗できないとする（96条3項）。たとえば，AがXをだましてその不動産を売らせ，さらにYに転売したとしよう。Xは，Yの出現後，AX間の売買契約を取り消しても，Yが善意・無過失であれば，その不動産を取り戻すことはできない。なお，判例は，この場合にYが保護されるために登記をすませている必要はないというが（→**ケースのなかで9**），学説の賛否は分かれる（161頁・163頁の**コラム⑦⑧**も参照）。

> **ケースのなかで9**　**詐欺を知らない第三者は登記がなくても保護される**
>
> 　訴外A社はXから農地を買い受け，農地法5条の許可を条件とする所有権移転の仮登記をしたが，直後に事実上倒産した。その数日後，Aはその債権者Yにその土地を譲渡し，Yは買主の権利を移転する付記登記を行った。Xは，Aが支払

能力があるかのようにだましたとして，詐欺を理由に売買契約を取り消し，Yに付記登記の抹消を求めた。裁判所は，Xの取消しの主張を認めたうえで，Yは許可があれば所有権を取得できる地位を得た者であるから，売買契約から発生した法律関係について善意で新たに利害関係を持つに至った者を保護する96条3項の趣旨に照らし，対抗要件を備えていなくてもよい，としてXの請求を退けた。

《詐欺取消し，善意の第三者，対抗要件……最判昭49年9月26日》

3 強 迫

強迫を理由に意思表示を取り消すための要件は何か

(1) **二段の故意** 表意者に恐怖感を与えて，その恐怖感に基づいて意思表示をさせるという二段の故意が必要である。刑法上の脅迫（刑法222条）とは同じ音だが字が違う。刑法の強要（刑法223条）が強迫と対応している。

(2) **違法な強迫行為** たとえば，自分の持っている株式を会社に不当に高く買い取らせる目的で，取締役の不正を告発するとおどした場合のように，目的が不当であれば，手段が正当でも違法な強迫行為である。また，被害者が加害者に損害賠償をさせる目的で警察官に依頼して加害者を不当に逮捕・拘禁させた場合のように，目的が正当であってもその手段が違法であれば，やはり違法な強迫行為となる。このように，強迫行為は，目的と手段を総合的に考慮して全体として違法かどうか判断される。

強迫の被害者はつねに取消しができる

詐欺の場合とは異なり，第三者の強迫による意思表示であることを相手方が知らない場合や知ることができない場合であっても，表意者は意思表示の取消しができる（96条2項の反対解釈）。さらに，第三者が善意・無過失であっても，表意者は，取消しの効果を主張できる（96条3項の反対解釈）。民法は，詐欺の場合と比べて表意者に帰責性が乏しいことに配慮しているのである。

第**7**章　法律行為の自由と制約

　第6章第3節および第4節（115頁以下）では，法律行為の内容が不明確な場合や法律行為を構成する要素である意思表示に問題がある場合について学んだ。では，内容が明確で意思表示に問題がなければ，法律行為をつねに有効としてよいだろうか。

　たしかに，民法は，当事者が自由な意思に基づいて自らの法律関係を自律的に決めてゆくという私的自治の原則を認めており，法律行為の自由の原則は，その中心を占めている。しかし，その自由には自ずから制約がある。

　たとえば，賭博や麻薬売買などでは，当事者は納得ずくで契約していることが多いだろう。しかし，だからといって，一方でこうした行為を犯罪として処罰している法が，賭け金や麻薬代金の支払を強制してそうした法律行為の実現に手を貸すことは，矛盾した態度である。

　本章では，法律行為の自由と制約という観点から，前章に引き続き，法律行為が有効となるための要件について学ぶ。これに加えて，定型約款および消費者と事業者の間の契約（消費者契約）に特有の事情と特別の規律についても学習する。

第1節　適　法　性

1　強行規定と任意規定

　91条は，公の秩序に関しない事柄については，法律の規定よりも，当事者の意思を優先させ，法律行為の自由の原則を認めている。ここから逆に，法律行為の内容が，公の秩序に関する規定に反するときには，その法律行為は無効となる。

　公の秩序に関する規定を強行規定（強行法規）といい，そうでないものを任意規定（任意法規）とよぶ。規定自身が強行規定であると明言しているものはほとんどない。具体的な規定が強行規定であるか任意規定であるかを判断するには，個々の規定の趣旨を検討しなければならないが，おおまかにいえば次のような点が考慮される。家族法などに多い基本的な社会秩序に関する規定や，総則の能力に関する規定など私的自治の前提に関するもの，物権法の多くの規定のように第三者の信頼や取引の安全を保護する規定，さらに利息制限法・借地借家法など弱者の利益を守るための規定は，強行規定である。

2　取締規定違反の効力

　一定の行為を禁止・制限し，その違反者に対して制裁を加える行政法上の規定を取締規定という。たとえば，国土利用計画法は，規制区域内の土地の売買契約などにつき，都道府県知事の許可を必要とし，無許可で契約を結んだ者を処罰する（同法46条）のみならず，許可なく結ばれた売買契約を無効とする（同法14条3項）。このように，違反行為を無効とする取締規定は，効

★ **コラム⑥：原始的不能の法律行為も原則として有効**

　蓬来という架空の国から宝物を持ち帰る（竹取物語）というように，客観的に実現できない内容の法律行為は，法律効果を与えても意味がないから，従来は無効と考えられてきた。

　たしかに，不可能な約束の実現を請求することはできない（412条の2第1項。**コラム⑥**も参照）。しかし，実現できないリスクを覚悟のうえで法律行為を行った場合には，約束違反の効果（債務不履行に基づく損害賠償義務）を発生させてもおかしくない。

　2017年の民法改正では，法律行為を行った当初から客観的に実現できない場合（原始的不能という）も，最初は実現可能であったものが後に不能となった場合（後発的不能という）と同様に，法律行為は有効に成立し，債務不履行の問題と考えるように改められた（412条の2第2項）。たとえば，死者をよみがえらせる医療技術の発展を待って死体を長期保存する契約は，有効とみてよかろう。

★ **コラム⑥：無効でも法律関係は生じる**

　契約が結局結ばれずに終わった場合や，契約は成立したが，たとえば，買主に応募資格がないために無効である場合には，約束どおり実行せよという権利（債権という）は発生しないし，約束違反を理由に損害の賠償を求めることもできない。契約の締結に必要な費用が無駄になっても，自分の計算と危険による出費であるから，他人にそのつけを回すことはできないのが原則である。

　しかし，たとえば，買主に応募資格がないことを知りながら，売主が売買契約を申し込んだため，買主が契約の有効な成立を信じて銀行から借金をして印紙代や利息を無駄に払う結果となった場合はどうなるだろう。契約の締結に向けて交渉を始めた者の間では，お互いに相手方に損害が生じないように配慮するべき信義則上の義務が生まれる。契約の有効な成立を信じさせておきながらその信頼を裏切る，いわば「2階にあげてはしごを外す」ような行為は，法的に許されない。したがって，信義則上の義務に反する行為をした者は，相手方に生じた損害を賠償しなければならない。これは，民法に直接の規定はないが，「契約締結上の過失」として判例・学説が認めているものである。

力規定とよばれ，私法上の強行規定としての性格を持つ（139頁の**コラム⑥**も参照）。しかし，ほとんどの取締規定は，明確に効力規定である旨を定めていない。そこで，取締規定に違反した法律行為の効力がどうなるかが問題となる。

違反行為を無効とすれば，取締の目的が貫かれやすい反面，自ら違反行為を行った者に義務を免れる口実を与え，取引の安全を害することになる。そこで，問題となっている規定ごとに，こうした点を考慮して，個別に判断することになる（なお公序良俗違反の分類の142頁の(8)も参照）。判例を素材に例をあげれば，次のようなものがある。

(1) 取引所の取引員や自動車運送業など，営業活動を行う一定の免許や許可を必要とする場合，有資格者が無資格者に名義を貸し与えて営業させる契約は，許可や免許による規制を免れようとするものであるから無効である。

(2) しかし，無資格者が無許可・無免許で行った客との契約は，原則として有効である。したがって，たとえば，運送業者が名義を借りた無免許営業をしたとしても，そのことだけを理由に運送を頼んだ者が運賃の支払義務を免れるものではない。もっとも，弁護士のように資格に公共性が強く，法が資格を厳格に制限しているときには，依頼人も有資格者との契約という信頼を裏切られているから，例外的に，無資格者と依頼人との契約は無効である。

(3) 株式の信用取引を制限する場合のように，取引の内容を規制する規定に反しても，直ちにその契約が無効となるものではない。もっとも，消費者など弱い立場にある者の保護を目的とする規定に反した場合には，無効をより緩やかに認めてもよいだろう（**コラム⑩**も参照）。

(4) 現在では活躍の場をほとんど失っているが，経済統制規定のうち，価格統制違反の場合には，法律行為全体ではなく，統制価格を超える部分のみが無効となる。これに対して，一定の物の流通自体を制限する物資統制違反の場合には，法律行為全体が無効となるとされた。

3 脱 法 行 為

形式的には強行規定に違反しないが，法が禁止・規制する結果を別の手段によって達成する法律行為を脱法行為とよぶ。利息制限法3条のように法規定自身が脱法行為を予想してこれに対処している場合もあるが，法律に規定

がなくても脱法行為は無効である。

　たとえば，金銭を貸し付けた債権者に対し，恩給を代わって受け取り借金
の返済に当てることを委任し，完済までは委任を解除しないという契約があ
る。この契約は，生活保護の観点から恩給を担保に借金することを禁じた法
規定（恩給法11条1項）の脱法行為で無効だとされた。ネズミ講（無限連鎖
講）の禁止をかいくぐって金銭ではなく国債等の有価証券を用いる同種の取
引も，脱法行為の例である（法の対応については**コラム⑳**を参照）。

　これに対して，たとえば動産の譲渡担保は脱法行為ではない。この場合の
譲渡担保は，動産の所有権を債権者に譲渡しながら，引き続き担保設定者が

その物の占有・利用を続け，借金が返済された場合に債権者から担保設定者に所有権を返還するものであり，たしかに，質権の規定（345条・349条）に反するようにみえる。しかし，動産担保制度の不備を補うという合理的な要請をみたすものであるとして，その有効性は承認されている。

第2節　社会的妥当性

1　公の秩序＋善良の風俗＝社会的妥当性

　法律行為，とりわけ契約の内容は非常に多様であり，日々新種のものが考案され続けており，法がすべての事態に対応する強行規定を用意することはできない。しかし，社会が法の観点から評価して法律行為の効力を認め，その実現に助力するのであるから，法律行為の内容は，たとえ強行規定が存在しなくても，社会的に妥当な範囲内のものでなければならない。民法90条は「公の秩序又は善良の風俗」（両者を区別する実益はなく，「公序良俗」という1語でよぶ）という言葉でこれを表現し，包括的・一般的に，この旨を定める。

2　どういう法律行為が公序良俗に反することになるか

　判例を素材に，公序良俗に反するとされた具体例の分類を見てみよう。なお，この分類は，互いに重なるところがあるうえ，ある事例をどの分類に入れるにしても無効という効果は同じなので，どういう形で分類・整理するかということ自体に，あまり悩む必要はない。
　(1)　密輸，談合，贈収賄，裏口入学斡旋など，犯罪やこれに類する社会的に強く非難される行為を内容とする法律行為はもちろん，密輸に用いることを知ってその資金を貸すなどのように，それを助長する法律行為も公序良俗

```
★ コラム⑰：脱法行為と法の対応
　社会の要請という点では恩給担保も譲渡担保と大きな違いはない。それに応
えて1953年に恩給法が改正され，日本政策金融公庫等の公的金融機関からに限
って恩給を担保に融資を受ける道が開かれた（恩給法11条１項ただし書）。もっと
も，この公的金融は十分活用されているとはいえず，恩給の代理受領委任によ
る金融は，いまだに存在している（貸金業法20条の２はこれを禁じている）。
　一方，国債等の有価証券を用いたネズミ講に対して刑事罰を科すことができ
るよう，1988年に，無限連鎖講の防止に関する法律が改正された。すなわち，
同法２条の定義規定に「財産権を表彰する証券又は証書を含む」という括弧書
が加えられた。同種の取引は，民法上も，強行法規違反で無効となろう。
```

に反する。この例のように，その内容自体は適法である金銭の貸付が，不法
なことを知りながらこれに加担する手段として使われることによって不法な
行為と評価される場合を，動機の不法とよぶ。

　また，犯罪を行わないことや真実の証言をすることなど，当然してはなら
ないことや当然行うべきことに対して，あえて対価を支払わせる契約（反
社会勢力の用心棒料を考えよ）も公序良俗に反する。

　(2)　不倫関係を続けるために金銭や物を提供するなど，婚姻秩序や性道徳
に反する法律行為（ただし，不倫な関係にある女性に対してなされた包括遺贈が，
自分の死後もっぱらその女性の生活を保全する目的で行われ，妻や子の生活の基盤を
脅かさない程度であるとして有効だとされた例もある）。これとは逆に，不倫関係
を清算するための，いわゆる手切金の支払契約は，公序良俗には反しない。

　(3)　他人が取得した不動産が未登記なのを知って，復讐のためにその者を
困らせようとして売主に強引に結ばせた第二譲渡契約など，故意に他人の権
利を侵害することを目的とする法律行為。

　(4)　自由を不当に拘束する法律行為。かつては，娘が芸娼妓として働いて
親の借金を返す約束などが問題の中心であった。これは実質的には売春と結
合した人身売買である。判例は，古くは芸娼妓として働く契約のみを無効と
したが，1955年に借金の部分も含めて無効とするに至った。

　これに類する事例は，クラブの経営者がホステスに客の飲食代のつけ（債
務）を保証させる契約である。すなわち，ホステスが馴染みの客につけで飲

み食いさせているような場合を除いて，このような契約は，売掛金回収の危険を一方的に弱い立場の者に押し付ける側面と同時に，過大な保証債務によってホステスの転職の自由を制限する点で問題がある。

さらに，労働組合からの脱退，別組合への加入，新組合の結成などを不当に制限する組合規約や労働協約・労使協定などもここに含まれよう。

(5)　定年・昇給・解雇などについて男女を差別する就業規則（→**ケースのなかで10**）など，合理的な理由のない差別的取扱い。

(6)　他人の無知・軽率や窮状につけこんで不当な利益を得る行為（暴利行為という）。借金の返済の代わりにその何倍もする財産を取り上げる代物弁済・譲渡担保や，高利貸し，契約違反の場合に過大な違約金を取るという条項などがその例である。担保に関しては，債権者に差額を返す清算義務を認める立法・判例の進展によって，金利に関しては，契約全体を無効とする必要性は少なくなっている（利息制限法1条の制限利率を超過する部分のみ無効→151頁の**コラム㊼**）。もっとも，異常な高金利を取る契約が社会的な問題となったため，貸金業法42条は，年利109.5％（うるう年は109.8％。日歩30銭）を超える契約を無効としている。

ペーパー商法，原野商法など，経済的には成り立たない詐欺まがい商法といわれるものが，現代的な暴利行為として問題となる（**コラム㊶**を参照）。

(7)　不合理に長い試用期間を定めた雇用契約，保険会社の本店所在地の裁判所でのみ裁判を行うという条項，事故の場合に責任を著しく低く制限する航空運送約款など，優越的な地位を利用して不利益を押し付ける法律行為。これは，暴利行為に当たらない場合にも無効である。

(8)　このほか，単に取締規定に反するだけでは無効とならない行為が，違反の態様などの事情を加味して公序良俗違反とされる場合がかなり多い。

ケースのなかで 10　女だから早く辞めろ，は無効
Y自動車会社の就業規則には男子満55歳，女子満50歳を定年とする旨の定めが

　巧妙な販売方法や強引な勧誘によって，消費者が不必要な商品やサービスを押し付けられるというのが，現代の消費者問題の重要な類型である。公序良俗は，この場合にも活躍しうる。たとえば，危険性を隠して素人に強引に勧誘をする私設先物市場取引などは，市場の仕組みが著しく欺瞞的で危険が大きく，契約内容が反社会的だとすることはそう難しくないだろう。

　しかし，契約の内容の反社会性を問題にする90条には限界もある。同じ先物取引でも公設市場取引では，契約内容自体が反社会的だとはいいにくい。また，冷静に考えれば不必要な商品やサービスであっても，商品・サービス自体に問題がなければ，やはり反社会的な契約であるとまではいえまい。たとえば，過量取引に関する規制（特定商取引法9条の2のクーリング・オフ，消費者契約法4条4項の取消権）は，この問題に対応する立法である。

あり，Xは満50歳で退職を命じられた。Xは，この定めが男女を差別するもので公序良俗に反して無効であるとして，雇用関係が続いていることの確認などを求める訴えを起こした。裁判所は，Yの通常の職務であれば60歳前後までは男女とも職務遂行能力に欠けるところがなく，一律に女子従業員全体の能力や貢献度が劣るものと評価することはできないから，定年年齢の点で女子を差別しなければならない合理的理由はなく，就業規則のその部分の定めは無効である，と判決した。　　　　　　　　　《不合理な男女差別，公序良俗違反……最判昭56年3月24日》

3　公序良俗違反の効果──強行規定違反・脱法行為との違い

　いずれも無効となるが，誤って実行された場合に返還請求ができるかどうかに差がある（121条の2と708条を参照。**第8章**（152頁）でも触れる）。

第3節　定型約款

1　約款とは

約款とは，多数の取引の画一的処理のため，あらかじめ定型化された契約

条項をいう。電気・ガス・保険・運送・宿泊・預貯金・投資・インターネット取引など大量取引の場面では，ごく普通に使われている。

2　約款の光と影

　約款は，契約内容を交渉によって決めるコストを削減し，画一的な取引を迅速に行うことに役立つ。大衆取引社会においては，約款は不可避な仕組みであり，顧客が平等に扱われるという長所もある。

　しかし，他方で，経済的に優位する当事者（多くは大企業）が定めた契約内容を，相手方（多くは消費者や中小企業）は，一括して承諾するかしないかという自由しかない。生活に不可欠の契約であれば，契約を結ばないという選択の自由もない。詳細な約款は，法律に精通した者にとっても難解で，普通の人は中身を見ることすらしない。これでも自らの意思に基づいて法律行為を行ったとしてその約款に拘束されるのか，という疑問がある（約款の拘束力の根拠）。作成者に有利な内容が押し付けられてしまうこと（不当条項の弊害）も構造的に避けられない。

3　定 型 約 款

　2017年の改正により，民法に定型約款に関する規定が新設された（548条の2〜4）。この規定は消費者契約（第4節（次頁）を参照）のみならず，事業者間の契約にも適用されるため，民法に規定が置かれた。

　定型約款は，約款のうち，定型取引に用いられるものという限定を付したものである。定型取引とは，「ある特定の者が不特定多数の者を相手方として行う取引であって，その内容の全部又は一部が画一的であることがその双方にとって合理的なもの」と定義されている（548条の2第1項）。

　定型約款は，それを契約内容とする旨の明示または黙示の合意をしたとき，または，作成者があらかじめそれを契約内容とする旨を相手方に表示していたときに，個別の条項について合意をしたものとみなされ，拘束力がある

（同条1項）。拘束力の根拠はこのように根拠づけられ，その前提として，定型約款の内容は，相手方の請求に応じて相当な方法によって示さなければならないのが原則である（548条の3）。

約款の拘束力が否定される場合が次のように定められている。相手方の権利を制限したり義務を加重する条項が，その定型取引の態様・実情や取引上の社会通念に照らして，信義則（1条2項）に反して相手方の利益を一方的に害すると認められる場合には，その条項は合意内容には入らないとみなされる（548条の2第2項）。不当条項の拘束力は，このように「不合意」という形で否定されている。

また，相手方の一般の利益に適合する変更および合理的でやむを得ない変更については，作成者は，相手方から個別の同意を得なくても，契約後に変更することができることも定められている（548条の4。同条4項が不当条項の規準を適用しないとしているのは，ややわかりにくい。より厳しい548条の4第1項の規準によるという意味である）。

第4節　消費者契約

1　消費者契約に関する特別な規律の必要性

消費者が不本意な契約を結んだ場合，民法の規律によって契約の拘束力を免れようとしても，意思無能力・詐欺・強迫は，立証の点で困難がある。行為能力の制限には，申立てに基づく家庭裁判所の審判が必要である。錯誤取消しも，消費者問題で多い動機の錯誤の場合の対処が難しい。取締法規に違反しても，契約は必ずしも無効とならない。さらに，最近では裁判所による運用が柔軟化しているとは言っても，契約内容が著しく不合理でなければ，

公序良俗違反を理由とする無効という処理にも限界がある。

　そして，これらの問題点の背後には，より大きな問題がある。意思表示・法律行為に関する民法の規定は，対等・平等な両当事者が契約交渉を行うことを前提としているのである。これに対して，事業者と消費者の間には，情報の質・量や交渉力に構造的な格差がある。さらに，現実の消費者は，民法が想定するような冷静で合理的な判断がつねにできるとは限らない。平等ではない事業者と消費者の間に，対等・平等な当事者を前提とする民法のルールをそのまま適用したのでは，公平・公正を欠く結果が正当化されてしまいかねない。消費者契約に関して特別な規律が必要な理由は，まさにこれらの点にある。

2　個別業法による行政的規制

　消費者契約については，長い間，訪問販売法（2001年に特定商取引法に名称を変更）や割賦販売法など多数の個別業法によって，行政的に事業者を取り締まることで消費者を保護する，という規制が行われてきた。

　代表的な特定商取引法では，業者に，販売者の詳細データや商品の種類や対価などを明示し，法律に定めた事項を明記した書面を契約締結前に交付する義務を課している。また，一定の期間，理由なく契約をやめることができるクーリング・オフ権（112頁の**コラム⑩**および201頁の**コラム⑭**を参照）や，語学学校に関する契約などのような長期間サービスを受ける一定の契約の場合の中途解約権を，消費者に認めている。さらに，契約解除に伴う損害賠償等の制限なども置いている。

　これらの規制は，法改正により次第に強化されてきているが，問題が広範囲に生じた後を追って個別に規制を置く，という点で限界がある。

3　消費者契約法

　2000年に制定された消費者契約法は，包括的な民事ルールとして，消費者

保護を強化した。

　具体的には，次の3点が重要である。①契約締結の際に事業者の誤認行為（重要事項に関する不実告知，断定的判断の提供，不利益事実の不告知）や困惑行為（消費者の住居等からの不退去や営業所等での消費者の拘束。恋愛商法，霊感商法，不安あおり商法など最近も取消事由が拡大されている）があった場合，および過量な契約の場合には，消費者に契約の取消権がある（同法4条）。この消費者取消権は追認できる時から1年または契約締結時から5年に行使期間が制限されている（同法7条）。②事業者の損害賠償責任などを免除する条項，逆に消費者に過大な契約責任を課す条項および消費者の解除権を放棄させる条項は無効である（同法8条・9条）。③民法などの任意規定と比べて，消費者の権利を制限したり，消費者の義務を加重する条項は，それが信義則（民法1条2項）に反して消費者の利益を一方的に害する限り，無効となる（消費者契約法10条）。②および③は，不当条項規制である。③には，公序良俗規定（民法90条）の限界を乗り越え，消費者問題に特有の公序（消費者公序）を確立するための手がかりとなる一般規定としての働きが期待される。なお，①の消費者取消権は，その後，特定商取引法や割賦販売法にも導入された。取り消した場合の消費者の返還義務は現存利益に限定されている（消費者契約法6条の2）。

　消費者被害は比較的少額で多数の消費者が被ることが多く，被害を受けた個々の消費者が業者を相手に訴訟を起こすことは，期待しにくい。悪質業者は，このことを計算に入れ，一定のクレームには応じても泣き寝入りする多数被害者から利益を得ることができるため，同種被害が後を絶たない。消費者団体訴訟制度は，適格消費者団体（内閣総理大臣が認定する）が，個々の消費者に代わって，事業者に対し，違法な契約条項の使用や不当な勧誘行為などの不当行為自体の差し止めを求める訴訟を起こせるとした。その後，景品表示，特定商取引，食品表示にも団体訴訟の対象は拡大された。

　さらに，適格消費者団体の中から内閣総理大臣の認定を受けた特定適格消

費者団体は，消費者の財産的損害をまとめて事業者に賠償を請求し，個々の消費者からの授権に基づいて，その債権を回収することもできるようになった（消費者の財産的被害等の集団的な回復のための民事の裁判手続の特例に関する法律）。

4　民法総則の規律に密接に関係するその他の法律

電子消費者契約に関する民法の特例に関する法律は，インターネットを使った通信販売などにおいて，通販会社が消費者に対し操作ミスを防止する意思確認の措置を講じていない限り，消費者に重過失があっても，錯誤取消しが主張できることを定めた（同法 3 条。128頁の説明と対比してみよう）。逆に，こうした意思確認措置がされていると，消費者が錯誤取消しを主張することは，重過失があるとされて困難になる。

第**8**章　無効と取消し

　たとえば，Aが賭けに負けて金を支払う約束をした場合や，未成年者Bが土地
を売るという契約を親の同意を得ることなく単独で結んだ場合を考えてみよう。
すでに学んだように，民法は，Aの約束は90条の公序良俗違反で無効であり，制
限行為能力者Bはその売買契約を取り消せるとしている。しかし，これはどうい
う意味だろうか。AやBにしてみれば，その契約を実行する前ならば，約束をな
かったことにしてすませたいだろう。すでに契約の実行が一部でもすんでいる場
合には，すでに払ってしまった賭け金や引き渡してしまった物を返してもらいた
いと考えるだろう。

　無効と取消しは，このようなAやBの希望をかなえるための手段となる制度で
ある。民法は，119条から126条に，無効と取消しについてまとめて規定を置いて
いる。この章では，これらの規定を中心に，無効と取消しがどういう制度で，ど
こが違うのかを学ぶ。

　以下では，まず，無効と取消しのそれぞれについて，その意味，要件，効果，
追認などの問題点を学び，次に無効と取消しを対比する形で整理・要約すること
にする。

第1節　無　　　効
第2節　取　消　し
第3節　両者の異同

149

第1節　無　　効

1　さまざまな無効

条文の文字に現れない無効

　無効とは，法律行為の効果の発生を否定することである。無効にはさまざまな種類がある。**コラム⑦**は，民法の規定上明確に「無効」と規定したものを一覧にしてあるが，これですべてというわけではない。たとえば，すでに学んだように，91条は強行法規に反する法律行為が無効であることを間接的に示している。また，175条は「物権は，この法律その他の法律に定めるもののほか，創設することができない」として「無効」の文字を使ってはいない。しかし，物権法定主義を定めるこの条文は強行規定であるので，契約で勝手に法規定と異なる内容の物権を設定する約束をしても，91条を介してその約束は無効となり，約束どおりの物権は発生しない。

全部無効と一部無効

　たとえば非常に高い利息を定めた金銭の貸し借りの契約（利息付消費貸借契約という）や，契約違反の場合に異常に高い違約金（420条を参照）が定められている場合を考えよう。これらの場合，必ずしも契約全体を無効（全部無効）としなくてもよい（ただし，貸金業法42条にも注意）。現に，利息制限法1条では，利息の制限を超える部分だけが無効だと規定されている。このように，まず法律の規定があればそれに従う（**コラム⑦**を参照）。規定がないときにも，問題の部分がその法律行為全体の中心を占めるものでないかぎり，その部分だけを無効とするのである。これを一部無効という。上記の高い違約

意思無能力（3条の2）　　　　　　　　⎫
公序良俗違反（90条）　　　　　　　　｜ 意思表示
心裡留保（93条1項ただし書）　　　　 ｜ の無効
通謀虚偽表示（94条1項）　　　　　　 ⎭

既成条件ほか（131条1項・2項）　　　 ⎫
不法条件（132条）　　　　　　　　　　｜ 条件に関
不能停止条件（133条1項）　　　　　　｜ する無効　⎫
随意条件（134条）　　　　　　　　　　⎭　　　　　｜
悪意・重過失の債務者の弁済（520条の10）　　　　 ｜ 法律行為等の無効＊
失った指図証券（520条の11）　　　　　　　　　　　｜
婚姻における人違い・無届（742条）　　　　　　　　｜
養子縁組における人違い・無届（802条）　　　　　　｜
後見計算終了前の被後見人の遺言（966条1項）　　　⎭

＊　身分行為については，行為者本人の意思を強く尊重すべきことが要請されるため，外観尊重の要請は働かない。したがって，身分行為については，心裡留保・通謀虚偽表示の規定は，原則として適用されない。

金の例では，違約金の約束のみが無効で，契約自体は有効とすることになる。そのほうが，全部を無効とするよりも，当事者の合理的な意思により近いと考えられるからである。

2　誰がどういう形で無効を主張できるか

　無効の制度によって法律上の利益が保護される者であれば，原則として無効を主張できる（153頁の**コラム⑭**参照）。取消権のような厳格な制限はない。

3　無 効 の 効 果

　法律行為の実現に向けた積極的な効果は発生しない。たとえば，売買契約が無効であれば，所有権移転の効果（176条）は発生しない。それだけでなく，契約上の履行義務も発生しないので，いずれの当事者も相手方に対して，約束の実現（目的物の引渡しや代金の支払など）を求めることはできない。また，契約違反の責任（415条。債務不履行責任という）を問うこともできない。

　誤って実行された無効な契約は，法的には「無」ではなく，「無効な〔法律〕行為に基づく債務の履行として給付を受けた者は，相手方を原状に復させる義務」（121条の2第1項の原状回復義務）を負い，給付者は原状回復債権を取得する。たとえば，引き渡された物は，それ自体を返さなければならない。のみならず，受け取った物をすでに処分していたり，サービスのように無形の給付を受けた場合には，それ自体を返すことはできないので，受領者は，その相当額を金銭で返還しなければならない（価額償還という）。

　この例外として，善意の無償受領者や意思無能力の受領者の返還義務は，現に利益を受けている限度（現存利益）に縮減される（121条の2第2項・3項。158頁も参照）。また，公序良俗違反による無効の場合には，法に敵対した給付者が法の助けを求めることはむしがよすぎるとして，原状回復の請求が認められないことがある（708条の不法原因給付）。

　当事者以外の第三者に対しては，すでに学んだように，無効の主張は制限されることがある（93条2項・94条2項）。さらに，無効が主張できたとしても，第三者を保護する規定（192条など）との関係で，目的物が取り返せるとは限らない（155頁の**コラム**⑦を参照）。

4　いつまで無効の主張ができるか

　無効の主張自体には，とくに時間的な制限はない。しかし，法律行為が有効なものと誤信して支払った金銭や物などを取り戻すには，3で述べたよう

(イ) 無効を主張できる者の例

① 無効な契約の当事者。ただし，不完全な意思表示を行った者を保護するために無効の制度が設けられている場合には，その者の契約相手方は無効を主張できない。たとえば，意思無能力の場合，契約の相手方から無効を主張することを認める必要はない。

② 無効を主張できる①の者の相続人などの包括承継人。

③ 無効な契約から生じる債務を担保した者。たとえば，Aの賭博の負けを払うという債務について，その債務の保証人となって債権者Dに対して保証債務を負担した場合（446条以下）のC。CとDとの保証契約自体にはとくに問題がなくても，Cは，Aの債務（主たる債務という）の無効を主張して，保証人としての責任を免れることができる。

類似の例として，Cが，Aの借金のかたとして，自分が所有する財産にDに対する質権や抵当権を設定した場合（351条・372条参照）のC（こういうCを物上保証人という）。CとDとの質権や抵当権の設定契約自体にはとくに問題がなくても，Cは，Aの債務の無効を主張して，担保権の実行を防ぎ，所有物の返還や設定登記の抹消を請求することができる。

(ロ) 無効を主張できない者の例

恋人が自分以外の人と婚姻したのでくやし涙を流した者や離婚した夫婦の友人などは，感情的には利害関係を持っていても法律上の利益がないので，その婚姻や離婚の無効を主張することはできない。

に，原状回復債権を行使しなければならないので，この債権が消滅時効にかかるまでに（166条1項の5年または10年以内。二重期間については209頁を参照）返還請求をしなければならない。

5 無効行為を追認できるか

追認とは，問題のある法律行為を最初から有効にする意思表示である。公序良俗に反する法律行為は，追認をしても有効にはならない。これに対して，たとえば実現不可能な条件を付けていた契約を無条件のものとして追認すれば，その時点であらたに有効な法律行為をしたものと扱われる（119条ただし書）。最初から有効となるわけではないので，厳密には追認ではない。もっとも，判例は無権利者の処分の追認について，すでに備わっている対抗要件

を含めて処分の時にさかのぼって有効になることを認めている（→ケースの**なかで11**）。学説には，この種の無効を帰属無効とか効果不帰属とよんで，内容上の無効と区別するものがある。

ケースのなかで 11　無権利者の処分も追認されれば最初から有効

　訴外Aは，訴外BがY銀行から借金をするに際して，不動産に根抵当権を設定し，その登記も行われた。しかし，その不動産は，本当はAの父Xの所有物であったところ，AがXの印鑑を盗用し，Xから贈与された旨の書類を偽造して自分名義の登記を得たものであった。こうした事実を知ったXは，いったんYに対しAの根抵当権の設定を追認したが，後に根抵当権設定登記の抹消を求めて訴えを提起した。裁判所は，権利のない者が行った処分を後日権利者が追認したときは，無権代理行為の追認に関する民法116条の類推適用により，処分の時にさかのぼって効力を生じ，もはや無効を主張できない，としてXの請求を退けた。

《無権利者の処分，追認，遡及効……最判昭37年8月10日》

6　無効行為の転換

　たとえば秘密証書遺言は，方式上の要件が満たされていなくても，自筆証書遺言の方式に合致するかぎり，自筆証書遺言としての効力が認められる（971条）。このように，当事者の望んだ目的をできるだけ生かすために，ある法律行為が無効であっても他の法律行為として一定の効力を認めることができる場合を，無効行為の転換という。問題は，無効行為の転換を定める条文がない場合の扱いである。偽りの出生届を出した場合に認知や養子縁組の効果が認められるかという問題のように，方式が要求されている行為（多くは身分行為）への転換がもっとも問題となる（**コラム⑯**を参照）。

★ コラム⑮：無効な契約に基づいて財産を譲渡した者は第三者から目的物を取り戻せるか

① 心裡留保・通謀虚偽表示を原因とする無効では，第三者Yが善意であれば，Xは，Yに対して無効を主張できないので（93条2項・94条2項），Yは権利者Aから有効に権利を譲り受けた者となる。したがって，目的物が動産であるか不動産であるかを問わず，XはYから目的物を取り戻すことはできない。Xは契約の相手方Aに対して，金銭で損害の賠償や価額の償還を求めることができるにすぎない。

　これに対して，Yが悪意であれば，XはYに対して無効を主張できるので，Yは無権利者Aと取引をした者となる。したがって，XはYから目的物を取り戻すことができる。

② 心裡留保・通謀虚偽表示以外を原因とする無効の場合には，善意の第三者Yに対しても無効の主張はできるから，Yは無権利者Aと取引をした者となる。

　目的物が動産の場合には，無権利者からの善意・無過失の譲受人を保護する特別の規定（192条）が問題となる。Yが善意・無過失であれば，Xは目的物を取り戻すことはできないが，Yが悪意であるか，善意であっても過失があれば，取り戻せることになる。

　これに対して，目的物が不動産の場合には，192条に相当する規定がないので，Xは，Yが善意・無過失であっても，原則として取り戻すことができることになる。ただ，この結論は，不動産の取引の安全を著しくそこなうので，学説には，94条2項を類推適用して善意（場合によっては無過失も必要）のYを保護するべきだとの考え方が広まっている。

★ コラム⑯：偽りの出生届の効力

① 愛人女性との間にできた子を，妻との間の嫡出子として届け出た場合，届出によって嫡出子とはならないが，子の認知の効力が認められている。

② 実の子をいったん他人夫婦の嫡出子として届け出て，その後戸籍上の父母であるその夫婦がさらに第三者と養子縁組（797条）をした場合には，一種の無権代理として養子縁組は無効であるが，その子は，15歳に達した後，これを追認することができる。

③ 生まれて間もない他人の子を，嫡出子として届け出た場合（いわゆる藁の上からの養子），裁判所は偽りの出生届に養子縁組としての効力を認めていない。

第2節　取　消　し

1　さまざまな取消し

民法120条以下の取消し

　ここで規定されている取消しとは，いったん有効に成立した法律行為の効力を，それが行われた時点にさかのぼって否定することである。なぜその時点までさかのぼるのかというと，その法律行為の要素である意思表示に，最初から行為能力の制限や錯誤・詐欺・強迫などの問題があり，拘束力の根拠があやういからである。無効の場合との違いは，取消権者がその法律行為を無効とするか有効のままにしておくかを選べる，という点にある（なお，**コラム⑰**も参照）。

その他の箇所で規定されている取消しとの違い

　民法は，その他の箇所でも同じ「取消し」という言葉を使っていた（159頁の**コラム⑱**参照）。このうち，法律行為の成立時には問題がなく完全に有効に成立した行為の効力を将来に向かってのみ失わせるものは，学問上撤回とよんで，120条以下の取消しと区別してきた（撤回が禁止されても取消しはできる点で区別の意味がある）。これらの規定は，2004年の現代語化の際に，法文上も撤回に改められた。

2　取り消すことができるのは誰か

　民法は取消権を持つ者を次のように限定している（120条）。
　まず，行為能力の制限を理由とする取消しについては，①制限行為能力者

たとえば被保佐人が能力不足につけ込まれ，保佐人の同意を得ずに時価の数十分の一の値段で自己所有の不動産を売る契約を結んだ場合，公序良俗違反を理由とする無効のほかに，制限行為能力者の取消権を主張できるだろうか（「二重効」の問題といわれる）。

　無効な行為が「存在しないもの」だと考えると，「存在しないもの」を取り消すことはできないとも考えられそうである。しかし，本文で述べたように，無効な行為にも，原状回復義務を生み出すという効果が与えられており，法的に「無」ではない。また，無効や取消しの原因に応じて，それぞれ効果が異なることがある。したがって，無効と取消しのどちらを主張してもよいとされている。

（未成年者，成年被後見人，被保佐人および被補助人）本人に取消権がある。制限行為能力者は，取消しによって不利益な契約などの拘束を免れるだけなので，法定代理人等を通じてではなく，また，その同意を要することなく，自ら単独で取消しができるのである。ただし，成年被後見人が取り消すかどうか判断できる場合はまれであろう。②制限行為能力者の法定代理人（未成年者の親や後見人など）にも取消権がある。また，保佐人または補助人の同意を要する行為を，被保佐人または被補助人が単独で行った場合には，その保佐人または補助人も取消権を有する。

　次に，詐欺・強迫を理由とする取消しの場合には，③「瑕疵ある意思表示をした者」，つまり錯誤者や詐欺・強迫の被害者に取消権がある。これに対して，被害者の任意代理人には，取消権の代理行使が委任されなければ，当然には取消権はない。

　制限行為能力の場合と錯誤・詐欺・強迫の場合に共通のものとして，①③の取消権を有する者の地位の承継人も取消権をもつ。これには，相続人や合併会社などの包括承継人だけではなく，その契約上の地位を譲り受けた者（特定承継人という）も含まれる。債権・債務のみの承継人には取消権はない。

3　取消権の行使の仕方

　特別の規定（たとえば743条以下の婚姻の取消し）がないかぎり，取消しの意

思表示の仕方には，とくに決まった形式はなく，口頭でもよい。しかし，後日裁判になるかもしれないことを考えれば，証拠の残る内容証明郵便（113頁を参照）で行うのが確実だろう。

4　取消しの効果

遡　及　効

　取消しの意思表示がされると，いったん有効に成立したその法律行為は，初めから無効であったものと扱われる（121条）。これを遡及効という。無効となった結果は，基本的には最初から無効である場合と同じである（第1節3（152頁））。ただし，錯誤・詐欺による取消しの場合には，善意・無過失の第三者に対する関係で取消しの主張自体が制限される（95条4項・96条3項）。また，第三者に転売された目的物を取り返せるかどうかについては，対抗要件（177条・178条に規定されている登記や引渡し）や第三者保護規定（192条および94条2項の類推適用）との関係で，難しい問題がある（161頁と163頁の**コラム**㉙㉚参照。詳しくは『エッセンシャル民法2　物権〔第2版〕』63〜66頁）。

制限行為能力者および意思無能力者の返還義務についての特則

　民法は，制限行為能力者をとくに厚く保護するために，原状回復義務の特則として，その返還義務を「その行為によって現に利益を受けている限度」（現存利益）にとどめている（121条の2第3項）。2017年の改正で新設された意思無能力者の場合が追加され，第3項は，むしろこちらを中心とする規定となった（152頁の無効の効果）。消費取消権を行使した場合の消費者も現存利益の限度で返還すればよい（消費者契約法6条の2）。

　もっとも，返還義務の縮減が認められる場合は多くない（→**ケースのなかで12**（160頁））。

★ コラム㉘：民法上「取消権」を規定している条文

　自分の六法で条文の内容を確認しよう。とくに総則編以外の取消しの規定については，遡及効のあるなしなど，どこが違っているかを確かめよう。

《120条以下が適用される狭義の取消権》
　　制限行為能力者の行為の取消権　　　（5条2項・9条・13条4項・17条4項）
　　錯誤ある意思表示の取消権　　　　　　　　　　　　　　　　　　（95条1項）
　　詐欺・強迫による意思表示の取消権　　　　　　　　　　　　　　　　（96条）

《特別の要件・効果が定められている取消権》
　　詐害行為の取消権　　　　　　　　　　　　　　　　　　（424条〜426条）
　　情報提供義務違反を理由とする保証契約の取消権　　　（465条の10第2項）
　　婚姻の取消権　　　　　　　　　　　　　　　　　　　　（743条〜749条）
　　夫婦間の契約の取消権　　　　　　　　　　　　　　　　　　　　（754条）
　　協議離婚の取消権　　　　　　　　　　　　　　　　　　　　　　（764条）
　　養子縁組の取消権　　　　　　　　　　　　　　　　　　（803条〜808条）
　　離縁の取消権　　　　　　　　　　　　　　　　　　　　　　　　（812条）
　　後見監督人の同意のない後見人の行為の取消権　　　　　　　　　（865条）
　　被後見人と後見人間の契約等の取消権　　　　　　　　　　（866条・872条）

《現代語化の際に撤回に改められた取消しの旧規定》
　　選択債権の選択の取消し　　　　　　　　　　　　　　　　　（407条2項）
　　契約の申込の意思表示の取消し　　　　　　　　　（523条1項・525条1項）
　　懸賞広告の取消し　　　　　　　　　　　　　　　　　　　　　　（530条）
　　契約解除の意思表示の取消しの禁止　　　　　　　　　　　　　（540条2項）
　　相続の承認・放棄の取消し　　　　　　　　　　　　　　　　　（919条1項）
　　遺贈の承認・放棄の取消し　　　　　　　　　　　　　　　　　（989条1項）
　　遺言の取消し　　　　　　　　　　　　　　　　　　　（1022条〜1026条）

《撤回に近いと考えられるもの》
　　無権代理行為の相手方の取消権　　　　　　　　　　　　　（115条・118条）
　　未成年の職業や営業の許可の取消し　　　　　　　　　　　　　（823条2項）
　　＊認知の取消し（785条）が文字通り「取消し」なのか「撤回」なのかについては争いがある。

《私人の意思表示ではないもの》
　　審判の取消し　　　（10条・14条・18条・19条・836条・857条の2第4項・859条の2
　　　　　　　　　　　　第2項・876条の4第3項・877条3項・880条・894条）
　　失踪宣告の取消し　　　　　　　　　　　　　　　　　　　　　　（32条）
　　競売手続の取消し　　　　　　　　　　　　　　　　　　　　（384条4号）
　　負担付遺贈で負担の履行のない場合の遺言の取消し　　　　　　　（1027条）

　未成年者Ｙの母ＡがＹを代理してＸから金を借り，借金の返済・生活費などにあて，一部を銀行に預けたが，親族会の同意（当時の民法では必要だった）がなかったとして，Ｙは金銭消費貸借契約を取り消した。そこで，Ｘは，Ｙに対して不当利得を理由に渡した金銭の返還を求めた。Ｙは，121条ただし書（2017年改正前）により，利益が形のあるもので残っていない限り返還する必要はない，と主張した。裁判所は，生活費などは本来自分の財産から支出するべきものであるから，受け取った金銭を生活費などにあてたときには，本来減少するはずの自分の財産が減少しなかった利益が「出費の節約」の形でなお現存する，として，銀行破産の結果回収不能となった預金額のみを控除し，残額の支払をＹに命じた。

《未成年者の取消し，現存利益，出費の節約……大判昭7年10月26日》

5　取り消すことができる行為の追認

追認とは

　追認とは，取り消すことができる行為を取り消さずに確定的に有効とする意思表示をいう。取消権者が有効に追認すれば，以後，もはや取り消すことはできなくなる（122条）。

追認ができるのは誰でいつからか

　取消権者は原則として追認ができる（122条）。

　いつから追認ができるのか，どのように追認ができるのかは，次のように場合が分かれる。

　一般に，追認は，取消原因となっていた状況（能力の制限，錯誤・詐欺・強迫）がなくなり，かつ，取消権を有することを知った後にしなければ，効力を生じない（124条1項）。制限行為能力者本人が自らの判断で追認をすることができるようになるのは，能力を回復し，自らの行為が取消可能であることを知った後に限られる。錯誤者や詐欺・強迫の被害者は，錯誤に陥ってい

★ コラム⑦：契約を取り消した者は，目的物を第三者から取り戻せるか Ⓐ

判例の見解

(イ) 取消し前に目的物がすでに第三者に転売され
ていた場合

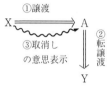

① 譲渡
X ━━━━━━━━→ A
③取消し   ②転譲渡
の意思表示
Y

ⓐ 詐欺を原因とする取消しでは，第三者Yが
善意・無過失であれば，Xは，Yに対して取
消しを対抗できないので（96条3項），Yは権
利者Aから有効に権利を譲り受けた者となる。したがって，目的物が動産
であるか不動産であるかを問わず，XはYから目的物を取り戻すことはで
きない。Xは契約の相手方Aに対して，金銭で損害の賠償または価額の償
還を求めることができるにすぎない。

これに対して，Yに悪意または過失があれば，XはYに対して取消しに
よる遡及的無効を主張できるので，Yは無権利者Aと取引をした者となる。

2017年改正で無効から取消しに効果が変更された錯誤の場合も同様の扱
いとなることが予想される。

ⓑ 錯誤や詐欺以外の原因による取消しでは，Xは，Yに対して取消しによ
る遡及的無効を主張できるので，Yは無権利者Aと取引をした者となる。

目的物が動産の場合には，無権利者からの善意・無過失の譲受人を保護
する特別の規定（192条）が問題となる。Yが善意・無過失であれば，Xは
目的物を取り戻すことはできないが，Yが悪意であるか，善意であっても
過失があれば，取り戻せることになる。

これに対して，目的物が不動産の場合には，192条に相当する規定がな
いので，Xは，Yが善意・無過失であっても，原則として取り戻すことが
できることになる。

(ロ) 取消し後に目的物が第三者に転売された場合

取消しの原因を問わず，XとYとの関係は，取
消しによるAからXへの復帰的物権変動とAから
Yへの物権変動との間の二重譲渡類似の対抗問題
となり，先に対抗要件（不動産の場合は登記，動産

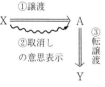

① 譲渡
X ━━━━━━━━→ A
②取消し   ③転譲渡
の意思表示
Y

の場合は引渡し）を備えた者が優先する。なお，この場合，一般的には，Yの
善意は必要ではなく，背信的悪意者（『エッセンシャル民法2 物権〔第2版〕』74
～75頁）だけがXに対する優先を主張できないと考えられる。

たことに気付き，だまされたと知り，または強迫がやんだ後でないと，追認をしても効果がない。追認が無効であれば，その後も取消しができる。

これに対して，法定代理人・保佐人・補助人は，本人が能力を回復していない時点でも追認をすることができる（124条2項1号）。また，成年被後見人を除く制限行為能力者は，法定代理人・保佐人・補助人の同意を得れば，能力を回復する前であっても，自ら追認することができる（同項2号）。

6　法定追認

追認の意思がなくても，民法は，取消しの意思と矛盾するような一定の事情があれば追認がされたものとして扱う。意思に基づかないので法定追認とよばれるが（125条），追認のできる状態にあることは必要である。法定追認とされる事実と問題点については**表8-1**で確認してもらいたい。

7　いつの時点まで取り消すことができるか

問題のある法律行為の相手方は，取消権の行使が取消権者の意思に委ねられていることから，不安定な立場に立たされる。そこで，民法は，取消権の行使期間に制限を設けている。すなわち，追認ができるようになった時点から5年，またはその行為の時から20年のいずれかがたてば，取消権が消滅してその行為は有効なものと確定する（126条）。たとえば，詐欺の被害者はだまされたことに気付いた時から5年間取消権を行使しないでいれば，取消しができなくなる。だまされたことをまったく気付かないままでも20年が過ぎると，やはり取消しはできなくなる。

★ コラム⑧：契約を取り消した者は，目的物を第三者から取り戻せるか Ⓑ
判例に対する学説の批判と学説の２つの方向

　学説は，**コラム⑦**で説明した判例を，主として次の３点で批判する。①取消し前に第三者が登場していた(イ)の場合に取消しの遡及効を肯定しながら，取消し後に第三者が登場した(ロ)の場合には遡及効を実質的に否定する点で，論理的な一貫性に欠ける。②取消し前に登場した第三者は，善意無過失であっても保護されないので，不動産取引の安全を著しくそこなう。③取消し後に登場した第三者が取消しを知っている場合には，保護する必要がない。

　細かい点ではなお対立があるものの，学説の方向は，大きく２つに分かれる。

　判例の(イ)の場合の扱いのように取消しの遡及効を一貫させる考え方は，取消しの前後を問わずＡを無権利者としたうえで，94条２項などを類推適用して，善意（あるいは善意無過失）のＹのみを保護しようとする。錯誤取消しの場合には，2017年改正で新設された95条４項を取消し後にも類推適用することになろう。

　一方，判例の(ロ)の場合の扱いのようにＡからＸへ移転した権利が取消しによって復帰するという論理を貫く考え方によれば，取消しの遡及効は第三者に対する関係で制限され，取消しの前後を問わず，Ａ⇒Ｙの物権変動とＡ⇒Ｘの復帰的物権変動は，二重譲渡類似の対抗関係になる。

　もっとも，後者の考え方でも，取消しの事実を知っているＹは背信的悪意者として保護されない，とするので，結論のうえでは，前者とそれほど大きな差は生じない。

表8-1　法定追認にあたる事実と解釈上の問題点

全部または一部の履行（125条１号）	取消権者が履行した場合と相手方から履行を受けた場合の双方を含む（判例）
履行の請求（同条２号）	前号とは違い，取消権者が履行の請求をした場合に限る
更改（同条３号）	513条を参照
担保の供与（同条４号）	取消権者が担保を提供した場合と相手方から担保の提供を受けた場合の双方を含む
取り消すことができる行為によって取得した権利の全部または一部の譲渡（同条５号）	取消権者が譲渡する場合に限る。また，取消権を含む契約上の地位を譲渡した場合（譲受人は120条２項の（特定）継承人になる）は法定追認にならない
強制執行（同条６号）	取消権者が強制執行をした場合のみならず，執行を受けながら異議（民事執行法35条）を述べなかった場合も含む（通説。もっとも判例は前者の場合に限るとする）

表8-2　無効と取消しの違い

	無　　効	取　消　し
基本的な効果	最初から法律効果を生じない	取り消されるまでは有効だが，取り消されれば，さかのぼって無効になる（121条）
主張できる者	誰でも無効を主張できる	取消権者しか主張できない（120条）
追認行為	できない。追認行為があっても，元の法律行為は有効にはならない	できる。追認行為があると元の法律行為は，確定的に有効となる
主張できる期間	制限がない。放置しておいても，元の法律行為は有効にはならない	一定期間内に限る（126条）。放置しておけば取り消せなくなり元の法律行為は，確定的に有効となる

＊　この表は，あくまで原則的な対比で例外を考慮していない。例外については，本文の叙述をよく読むこと。

第3節　両者の異同──無効と取消しの違い

　これまでに学んだ無効と取消しの違いを対比して整理しておこう。典型的な場合では，**表8-2**のようになる。

　本章の扉（149頁）の2つの例にそって考えると，Bが土地の売主としての責任を免れるには，取消しの意思表示をしなければならないが，Aはそういう意思表示をあらためてする必要がない。

　AやBのために保証人となった者がいるとすると，賭博契約の無効は，保証人からでも主張できる。これに対して，保証人は取消権者ではないから，取消権を行使することができない。もっとも，Bが取り消すか否か決めるまで，保証人は履行を拒絶することができる（457条3項）。

　また，B自身が成人後追認するか，成人前であってもBの法定代理人（普通は親）が追認すれば，Bの土地の売買契約は，完全に有効なものとなり，その後に取り消すことはできなくなる。法定追認事由が生じた場合も同じである。これに対して，Aは，賭博の借金をいったん有効なものと認めたとしても，その後に無効だと主張することが許される。

　さらに，どれだけ長い年月が経ってもAの賭博契約はいぜんとして無効であるが，一定期間放置しているとBは土地の売買契約を取り消すことができなくなる。

第 **9** 章　条件・期限

　来春大学入試に合格したら，4月から毎月5万円の奨学金を支給するという約束を篤志家がした場合，これは，贈与契約であり，約束した時点で契約（そしてそれを構成する贈与する者と贈与を受ける者の意思表示）は有効に成立している。しかし，契約締結と同時に効力が発生するわけではない。というのも，来春大学に合格してはじめて5万円を受け取る権利が発生するからである。

　すでに入試に合格して入学が決定している者に対し，2月末に，4月からの奨学金支給が約束された場合も，贈与契約は有効に成立し，贈与者の債務は発生しているが，奨学金の支給を請求できるのは4月以降である。

　このように，法律行為の効力の発生を今すぐにではなく，将来に待つという意思表示を付けてある法律行為を行ったり，また債務の履行時期を将来のある時期に定めたりすることも私的自治の原則から許されている。入試の合格のように，将来実現するかどうかが不確実な場合が「条件」とよばれ，確実な場合が「期限」とよばれる。

　条件成就前，期限到来前の段階でも，そのような条件付権利，期限付権利に一定の法的保護が与えられていることに留意しよう。

第1節　条　　件

第2節　期　　限

第1節　条　　　件

条件には2種類ある

　条件には，停止条件と解除条件の2種類がある。停止条件とは，その条件が成就することにより法律効果が発生する場合をいう（127条1項）。本来発生しているべき効力の発生が，ある条件の成就の時まで「停止」されているという意味で停止条件とよばれているが，「停止」といっても，効果が停止してしまうという意味ではなく，むしろ効果が発生するという逆の意味である点に注意されたい。

　これに対して，条件が成就すると現在発生している効果が消滅してしまう場合を解除条件という（127条2項）。たとえば，宅地の売買契約で，買主が1年以内に建物の建築にとりかからなければ，売買契約の効力が消滅し，買主は売主に宅地を返還しなければならないという約定はよく見られるが，ここでは「1年以内の建築未着手」が売買契約の解除条件になっている。

条件の付けられない行為

　婚姻や離婚，相続の承認のような家族法上の行為の効果が，条件を付けられることによって不安定になることは社会的に見て好ましくないため，条件を付けることは許されない。たとえば，他の共同相続人が相続を放棄することを条件として相続放棄することは許されない。

　また，意思表示の取消しや契約の解除のように，一方の意思表示のみで効力の発生する単独行為についても，相手方を一方的に不安定な状態におくことは好ましくないとされているので，条件を付けることが許されない。ただし，買主の代金不払を停止条件として売主が売買契約を解除するような場合

```
┌────────────────────────────────────────────────────────┐
│ ★ コラム㉛：条件アラカルト                                 │
│ 既成条件（過去の事実）                                      │
│  〈例〉   昨夜のJリーグのゲームで自分がサポーターをしているチームが勝 │
│          っていればおごるという約束                         │
│  〈効果〉  勝っていれば無条件のおごり（131条1項）              │
│          負けていれば法律行為全体が無効（131条2項）           │
│ 不法条件                                                  │
│  〈例〉   殺人をすれば1000万円与えるという約束                 │
│  〈効果〉  法律行為全体が無効（132条）                        │
│ 不能条件                                                  │
│  〈例〉   太陽が西から昇ればこの時計をあげるという約束           │
│  〈効果〉  贈与自体が無効（133条1項）                         │
│  〈例〉   この時計をあげるが，太陽が西から昇れば返してもらうという約束 │
│  〈効果〉  無条件の贈与として有効（133条2項）                  │
│ 純粋随意条件                                               │
│  〈例〉   自分がその気になればこの時計をあげるという約束         │
│  〈効果〉  法律行為全体が無効（約束をしていないに等しい。134条）  │
└────────────────────────────────────────────────────────┘
```

は，相手方に一方的不利益をしいるものではないから，このような条件は有
効であり，よく見られる。

　条件の付けられない行為に条件が付けられた場合，条件がなかったことに
なるのではなく，相続放棄や意思表示の取消し，契約の解除そのものが無効
となる。

無効な条件

　上の**コラム㉛**に列挙したようなタイプの条件を付けても，条件としての効
力は認められない。その場合，条件抜きの法律行為本体にどのような影響が
あるかは，場合によって異なる。

条件付権利も保護される

　条件の成就によって権利を取得するかもしれないという可能性も法律によ
って保護される利益であり（期待権とよばれる），各当事者は，条件の成否が
未確定の段階でも，相手方のこの利益を侵害してはならない（128条）。たと

えば，停止条件付贈与の約束をした者が，贈与の目的となっている物を毀損すると，損害賠償の義務を負うことになる。ただし，損害賠償の義務そのものも，条件付きで発生する。ここでの損害賠償の性質については，不法行為とする考え方と，債務不履行であるとする考え方がある。

　また，上の場合に，贈与の約束をしている者が条件成就の妨害をしたときは，相手方は，損害賠償の請求のほかに，条件が成就したものとみなして，自己の権利を行使することもできる（130条1項）。逆に，贈与を受ける約束をしている者が，不正にその条件の成就を実現させた場合，相手方は，条件が成就しなかったものとみなすことができる（130条2項）。

第2節　期　　　限

不確定でも期限

　期限は，何年何月何日あるいは今日から1月後というように確定しているのが普通であるが（確定期限），将来発生することの確実な事実が発生する時期である場合もある。たとえば，「私が死ねばこの本をあげる」という約束の「私が死ねば」の部分は，いつになるかは分からないがいずれ確実に実現するので期限（不確定期限）であるのに対して，「今から1週間以内に私が死ねば」という形ならば条件となる。

始期と終期

　期限のうち，債務の履行請求をなしうる時期に関するものを始期，効力の消滅する時期に関するものを終期という（135条）。135条1項は，始期について，その時まで債務の履行を請求できないという履行期に関するものしか規定していないが，効力の発生時期自体を定めることも可能であると解され

　民法が制定された明治時代には，「出世すれば返す」という約束でお金を借りることがあった。この場合の「出世すれば」という部分を条件とみれば，いつまでも出世できなければいつまでも返済しなくてよいことになる。しかし，一般的には，この部分は，出世した時あるいは出世できないことが確定した時に返還義務が発生するという趣旨の不確定期限と解釈される。もっとも，出世できないことが確定したという認定ははなはだ困難であろうから，返済について出世するに足る相当期間（たとえば高等教育を受けて企業に就職するまでの期間）の猶予を与えたものと理解するのが妥当であろう。

　2022年時点で，政府の教育未来創造会議は，大学の授業料を国がいったん負担し，卒業後に所得が一定の額に達した段階で所得に応じて返済するという趣旨の「授業料の出世払い」を検討している。

　また，「今度会った時に返す」という約束も，会えない状況が相当期間続けば，返還すべき義務が生じるというのが当事者の意思であろう。

ている。たとえば，売買契約で商品は今受け取るが，代金は1月後に支払うというような場合は，代金支払債務の履行についての始期を定めたものであり，来月からある取引について代理権を与えるという委任契約は，効力の発生時期を定めたものと解される。これに対して，「来年の4月1日から建物を貸す」という約束は，効力の発生時期自体を4月1日と定めたものとも，効力は現在において発生しているが，使用・収益させる債務について4月1日から履行する義務を負うことを定めたものとも解釈できる。

　履行期未到来という意味での始期付き債権は，効力はすでに発生しているものの，履行期が未到来というだけであるから，一般の債権と同様の法的保護を受け，上述の4月1日からの賃貸借で，その日より前に貸主の不注意で建物が焼失した場合には，単純に債務不履行の問題になる。これに対して，効力未発生という意味での始期付き権利は，始期の到来前には，停止条件付きの権利の場合と同様，期待権としての法的保護を受けることになる。もっとも，いずれであるかによって，それほど賠償額に差は生じないであろう。

期限の利益

　期限が到来するまでの間に当事者の受ける利益のことを「期限の利益」と

いう。期限の利益を有する者は，その利益を放棄することができる（136条2項）。上述の代金支払は1月後という場合，1月間は代金を支払わなくてよいのであるから，期限の利益は買主のためにある。したがって，買主のほうから履行の時期を早めて代金支払をしてきた場合，売主は受領を拒めない。しかし，売主のほうから期限前の支払を請求することはできない。どちらの利益かについて争いがある場合に備えて，民法は期限の利益は債務者のためのものとの推定規定をおいている（136条1項）。代金支払は1月猶予するが，その間の利息を買主として支払わなければならないとされている場合，期限は売主の利益のためでもあるので，買主として期限の利益を放棄することによって一方的に売主の利益を害することは許されない（136条2項ただし書）。このような場合，買主は，期限前の弁済にあたって，代金に加えて1月分の利息全額を支払えばよい。

　債務者のために定めたとされる期限の利益も，債務者の破産，担保の滅失・損傷・減少，担保提供義務の不履行のあった場合には，主張できなくなる（137条）。その結果，期限が到来したことになり，直ちに債務を弁済しなければならなくなる。このような法定の場合以外に，契約において，一定の場合に期限の利益を喪失する旨の定め（期限の利益喪失条項）がされることが多い。

★ コラム㊾：銀行取引約定書における「期限の利益喪失条項」の例

① 私について次の各号の事由が１つでも生じた場合には，貴行から通知催告等がなくても貴行に対するいっさいの債務について当然期限の利益を失い，直ちに債務を弁済します。

1．支払の停止または破産，民事再生開始，会社更生手続開始もしくは特別清算開始の申立てがあったとき。
2．手形交換所の取引停止処分を受けたとき。
3．私または保証人の預金その他の貴行に対する債権について仮差押え，保全差押えまたは差押えの命令，通知が発送されたとき。
4．住所変更の届出を怠るなど私の責めに帰すべき事由によって，貴行に私の所在が不明になったとき。

② 次の各場合には，貴行の請求によって貴行に対するいっさいの債務の期限の利益を失い，直ちに債務を弁済します。

1．私が債務の一部でも履行を遅滞したとき。
2．担保の目的物について差押え，または競売手続の開始があったとき。
3．私が貴行との取引約定に違反したとき。
4．保証人が前項または本項の各号の一にでも該当したとき。
5．前各号のほか債権保全を必要とする相当の事由が生じたとき。

（＊もともと銀行との融資取引における契約書の標準書式として全国銀行協会において「銀行取引約定書ひな形」が定められていたが，独占禁止法との関係で2000年に廃止され，現在は各行が独自に定めている。）

第**10**章 代　　理

　ある企業の経営者が，その企業の行う取引のすべてを自ら行わなければならないのだとすると，時間的にも，体力的にも，知識の面でもたいへんである。専門的知識の必要な取引は専門家に委ねて代わりにやってもらうほうが有利であるし，専門的知識の必要ではない取引であっても代わりの者にやってもらうことができれば，企業の取引を拡大していくことができる。ただし，経営者以外の者の行った取引が経営者の取引として認めてもらえなければこまる。

　また，幼児でも権利能力が認められているので，贈与を受けたり，相続や遺贈によって財産の所有者になることができるが，この場合も，実際の権利者である幼児に代わって，財産を管理してくれる者がいないとこまったことになる。

　代理とは，このような要請に応えて，他人（代理人）がある取引において法律行為（主として契約）を行うと，本人が自らしたのと同じ効果を本人と取引の相手方との関係で認めるという法制度である。本来，近代法においては，法律行為はその行為をした者のみを拘束し，その者についてのみ効果を生じるのが原則であるが（私的自治の原則），代理は行為する者と行為の効果の帰属する者とが分離するという例外的場合（「他人効」とよばれる）の1つである。

　このように，代理には，必ず少なくとも本人と代理人と取引の相手方の3当事者が登場するので議論が複雑になりがちである。当事者関係を図に書いて，誰と誰との問題かをつねに意識しながら勉強するのがよい。

第1節　代理の基本的仕組みと機能

他人の意思表示の効果が本人に帰属する

　代理とは，本人に代わって他人が意思表示をしたり（99条1項），あるいは
意思表示を受領したりすること（同条2項）によって，その効果が本人に帰
属する（かつ，本人にしか帰属しない）という法制度である。前者を能働代理，
後者を受働代理というが，代理に関する法律問題のほとんどは能働代理につ
いてのものである。

　代理人の行った意思表示の効果が本人に帰属するためには，第1に，代理
人が代理権を与えられていること（本人と代理人との関係），第2に，代理人
が本人のためにすることを示して法律行為をしたこと（代理人と相手方との関
係）が必要である（99条1項）。

　なお，日常生活では，代理という言葉は親戚の法事に父親の代理として出
席するというような場合にも使われるが，民法の意味での代理は法律行為の
代理に限られ，法事に出席するというような法律行為以外の行為（事実行為
とよばれる）は対象外である。法事ではなく，株主総会に株主の代理人とし
て出席する場合は，議決権の行使を行うことが代理行為の目的であるから，
民法の意味での代理である。

本人の意思による代理とよらない代理がある

　代理には，ある種の取引に慣れていない者が不動産業者や弁護士といった
専門家に代理権を与えてその交渉を委ねたり，あるいは営業主が従業員に一
定の事項や一定の地域内における取引についての代理権を与えて職務を遂行
させる場合（商法21条・25条・26条，会社法11条・14条・15条参照）のように，

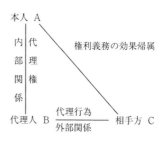

図10-1　代理の三角関係図

本人 A

内部関係　代理権

権利義務の効果帰属

代理人 B　代理行為 外部関係　相手方 C

本人が自らの意思で代理人を選任し，代理権を与える場合がある。民法はこの場合を「委任による代理」（104条など）とよんでいるが，従業員による代理のように雇用関係からも代理権が発生するので，これらの場合をひっくるめて一般に任意代理という。任意代理の機能は，本人がその取引活動の範囲を自らの意思で拡大するための法制度であるということにある（私的自治の拡大）。

　他方，未成年者の親権者あるいは後見人は，その未成年者の財産に関する法律行為について代理権を有している（824条・859条）。このように本人との関係で一定の地位にある者に法律が代理権を与えている場合を法定代理とよぶ。法定代理の機能は，権利能力は認められているものの，行為能力が制限されているために，自己の財産上の事務処理を自ら行うことができない者に代わって他人が事務処理を行うことを可能にすることにある（私的自治の補充）。

　両者は，ともに他人の意思表示の効果が本人に帰属する点では共通であり，代理として統一的に論じられているが，上述のようにその機能がかなり異なっていることから，法律上の扱い（104条・105条・111条２項）や解釈上の扱いに差異が見られる。代理に関する法律問題の多くは，任意代理に関するものである。

社長は会社の包括的代理人

　一般社団法人の理事や一般財団法人の代表理事は法人を代表し（一般社団法人及び一般財団法人に関する法律77条１項本文・197条），株式会社の取締役は会社を代表するとされている（会社法349条１項本文）。このように，理事や取

締役のような法人の機関が対外的に行う行為の本人たる法人への効果帰属を表すためには、法人の「代表」という用語が用いられ、「代理」とは区別されている。しかし、法律効果の本人への帰属という点では、代理と代表を区別する意味はない。ただ、法人を代表する者の有する代理権は包括的であるという点で、一定の範囲に限定されているのが普通である通常の任意代理の場合と異なっている。また、法定代理の場合も、代理権が包括的であるのが普通なので、前述の未成年者の親権者や後見人について、条文では「代表する」という表現が用いられている。

本人の意思を伝えるだけなら代理人でない

　土地の所有者AがCに対して土地の売却を申し込むにあたって、価格や契約条件を書いた書面を郵便で送付し、郵便配達人BがC宅に届けたとしても、BをAの代理人とはいわない。書面を届けたBがAの従業員やAの友人であったとしても同様である。さらに、Bが書面ではなく、口頭でAの意向をCに伝えたとしても違いはない。これらの場合、取引の相手方、価格、契約条件をすべてA本人が決定しており、BはAの意思を文書で伝達したり（伝達機関）、口頭で表示する（表示機関）だけの機能しか果たしておらず、本人に代わって意思を決定する代理人と区別して使者とよばれる。Bが価格について交渉の権限を与えられている場合は、代理人である。使者は伝書鳩やオウムと同じに扱われており、使者であるBが価格を間違えてCに伝えた場合は、A本人が言い間違えた場合と同様のAの表示の錯誤の問題となるが、代理人であるBが価格を間違えた場合は、代理人Bについて意思表示の錯誤の有無が問われる（101条1項）。

身分行為の代理は許されない

　遺言、婚姻、認知などの身分法上の行為を代理人によって行うことは、特殊な例外（797条の代諾縁組など）を除いてできない。

★ コラム⑧：代理人が不法行為をしたとき

　代理は代理人の意思表示（法律行為）の効果を本人に帰属させる制度であり，代理人の不法行為（事実行為）の効果を本人に帰属させる制度ではない。したがって，代理人が交渉の際に激怒して相手方にけがをさせたとしても，代理の効果として損害賠償義務を本人が負担するわけではない。ただし，本人が代理人の使用者にあたる場合には，本人が使用者としての責任を負担することがある（715条）。また，損害保険会社の代理人である保険代理店は，保険会社の被用者ではないが，代理店が保険の募集にあたって保険契約者に損害を与えた場合に，本人たる保険会社がその賠償責任を負う（保険業法283条1項）。

★ コラム⑧：処分授権——他人効の生じるもう1つの場合

　たとえば，AがA所有の物の売却をBに委任している場合，BがAの名を出さずBの物として売却することがある。この場合は，BがBの名において法律行為を行っている点で，BがAの名において（Aの代理人として）行う代理の場合と異なっている。しかし，このような場合でも，物の処分権の授与が有効にされている限り，その物の所有権が買主に移転するという効果はAにも及び，Aは所有権を失う。このように物の所有者たる本人が，他人に対してその他人の名においてその物を処分する権限を与えることを処分授権という。代理権授与行為もまた授権とよばれることがあり，混同しないように注意してほしい。

★ コラム⑧：代理店は代理人とは限らない

　特定のメーカーの代理店とか総代理店と名乗って販売を行っている業者がある。多くの場合，メーカーと販売業者との間の契約は売買契約であり，販売業者は自己の計算で自己の名において第三者に転売している。一定の地域で独占的な販売権を与えられている場合には，総代理店とよばれることが多い。これらの場合において，販売業者はメーカーの代理人として行為しているのではない。メーカーと継続的な取引を行っているということを意味するのに代理店という名称が使用されているだけである。もちろん，本来の代理人である代理店もある。たとえば，損害保険の代理店は，特定の損害保険会社の取引の代理を行う締約代理商（商法27条，会社法16条）である（保険業法275条1項2号参照）。また，銀行が住宅金融公庫などの代理店として代理貸付を行う場合も，民法上の代理人である。

第2節　代　理　権

1　代理権の発生

　任意代理は，民法では「委任による代理」とよばれている（104条など）。たしかに，不動産業者が土地の売却について代理人となるような場合は，本人と委任契約を結び，本人の事務を処理するために対外的に代理権が与えられているのであるが，代理権が与えられるのは委任契約の場合に限られない。たとえば，使用者と雇用契約を結んでいる従業員が使用者から代理権を与えられていることもある。このように，任意代理における代理権は，本人と代理人との間の各種の契約から生じる代理人の義務を遂行するために，本人から与えられる（代理権授与行為）。

　代理権の授与のためには，特定の形式は必要ではない。一般には，代理権の存在を示す書類として委任状が交付されることが多い。そして，重要な取引の委任状には本人の実印が押され，本人が作成したことを証明する目的で印鑑証明書が添付されるのが普通である。

　法定代理権は，法律の規定により当然に発生する場合（818条・824条による未成年者の父母など）もあれば，裁判所によって代理人が選任されてはじめて発生する場合（25条の不在者の財産管理人など）もある。

2　代理権の範囲

代理権の範囲はどこまでか

　代理人にどのような権限があるのか，すなわち代理人の意思表示の効果がどの範囲で本人に帰属するかは，任意代理の場合であれば，代理権授与の原

　委任状に記載されるべき事項の一部，たとえば，代理権の内容や範囲，代理人の名前，相手方の名前などが記載されていない委任状を白紙委任状という。株主総会に欠席する株主が提出する議決権行使の委任状などがこの形式である。代理人欄が白紙のままでは委任状としての効力はないが，代理人の氏名が権限のある者によって補充されると，その委任状に基づいてされた議決権行使は有効な代理行為となる。

　白紙委任状がそれを補充する正当な権限のない者によって補充された場合や，補充する権限のある者が本人から許されていない事項を委任事項として補充した場合（白紙補充権の濫用）でも，代理権授与の表示による表見代理（109条1項）や権限外の行為の表見代理（110条）として相手方が保護されることが多い。

因となった委任契約などの内容により決まる。明示的に定められていないことがらでも，契約の付随的事項で本人に不利益をもたらさないものであれば，代理権の範囲内とされる。たとえば，不動産の購入希望者から売買契約締結の代理権を与えられた者は，契約が不成立の場合に支払済みの手付金の返還を受領する権限も与えられているものと解釈される。

　法定代理の場合は，根拠となった法規に定められているのが通常である。

　任意代理で解釈によっても代理権の範囲が明らかにならない場合や，法定代理で根拠法規に代理権の範囲が定められていない場合（25条の不在者の財産管理人の場合など）には，代理人は，代理人による管理の対象となっている本人の財産の現状を保存するための修理や現状を変更しない程度の利用や改良をすることのみが許される（103条）。

代理人がさらに別の代理人を選ぶこともできる

　最初に選任された代理人以外の者を新たに代理人に加えたいときがある。本人が新たに別の者に代理権を与えるのは自由である。ただし，不動産取引の専任媒介契約（宅地建物取引業法34条の2第3項）のように，本人と代理人との間の委任契約に，別の者に代理権を与えないとの約定がされているときは，その特約違反の問題が生じる。

　さらに，代理人もまた新たな代理人を選任することができる。このような

図10-2　委任状の具体例

訴　訟　委　任　状

平成〇〇年〇月〇日

　　　　住　所　〒〇〇〇-〇〇〇〇
　　　　　　　　東京都△△区□□〇丁目〇〇番〇号

　　　　委任者　甲　山　一　郎　㊞

　私は，次の弁護士を訴訟代理人と定め，下記の事件に関する各事項を委任します。

　　　　弁護士　甲　野　太　郎
　　　　〇〇〇〇弁護士会所属
　　　　住　所　〒〇〇〇-〇〇〇〇
　　　　　　　　東京都〇〇区××〇丁目〇番〇号〇〇ビル〇階
　　　　　　　　甲野法律事務所
　　　　電　話　０３-〇〇〇〇-〇〇〇〇
　　　　ＦＡＸ　０３-〇〇〇〇-〇〇〇〇

記

第1　事件
　1　相手方
　　　被告　〇　〇　〇　〇
　2　裁判所
　　　〇〇地方裁判所
　3　事件の表示
　　　〇〇〇〇請求事件
第2　委任事項
　1　原告がする一切の行為を代理する権限
　2　反訴の提起
　3　訴えの取下げ，和解，請求の放棄若しくは認諾又は訴訟参加若しくは
　　　訴訟引受けによる脱退
　4　控訴，上告若しくは上告受理の申立て又はこれらの取下げ
　5　手形訴訟，小切手訴訟又は少額訴訟の終局判決に対する異議の取下げ
　　　又はその取下げについての同意
　6　復代理人の選任

日弁連のホームページより。Ａ４判横書き

図10-3 自己契約・双方代理・利益相反行為

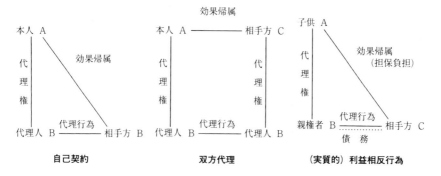

代理人によって選任された代理人を復代理人という。復代理人は，代理人個人の代理人ではなく，あくまで本人の代理人であり（106条1項），本人に対して直接に委任契約上の義務を負う（同条2項）。

　法定代理人は，自己の責任で自由に復代理人を選任できるが（105条），任意代理の場合は本人の許諾があるか，またはやむをえない事由がある場合にのみ可能である（104条）。

3　代理権の濫用

　たとえば，Aから金銭借り入れの代理権を与えられているBが，B個人の借金の返済にあてる目的でAの代理人としてCから金銭を借り入れた場合（つまり代理人に横領の意図があって借入行為をした場合）のように，代理人が，本人の損失のもとに自己または第三者の利益をはかる意図で代理の形式をとり代理権の範囲内の行為をする場合を，代理権の濫用という。

　この場合，本人に効果を帰属させる意思であることは明示されており，かつ代理権の範囲内の行為であるから，本人への効果帰属という代理の要件は満たしているが，相手方が代理人の意図を知っている場合にまで，本人に債務を負担させるのは妥当ではない。そこで，相手方が代理人の目的を知っているか，または知ることができた場合には，無権代理行為とみなされる（107条）。これは，代理人は，「自己の利益のため」という内心の意図を隠して，「本人の利益のため」を装った意思表示をしており，心裡留保（93条）に類似した代理行為をしているとの考え方に基づく。

4 自己契約・双方代理・利益相反行為

Aの代理人Bが，Aの代理人としてB個人と取引をする場合を自己契約といい，Aの代理人Bが取引の相手方Cの代理人をも兼ねる場合を双方代理という。このような代理行為は，本人の利益を害するおそれが大きいので，無権代理行為とみなされる（108条1項本文）。したがって，本人が追認しない限り，有効な代理行為として本人に効果は帰属しない。

ただし，形式的に自己契約や双方代理に該当しても，本人の利益を害するおそれのない場合は有権代理である。たとえば，すでにその内容が確定している債務の決済行為である履行は本人に効果が帰属する（108条1項ただし書）。そのため，売主・買主間で売買契約の内容がまとまった後で不動産の所有権移転登記の申請手続を両当事者が同一の司法書士に依頼することは一般に行われている。また，代理人が本人に贈与する場合のように，本人に利益のみを与える場合や，本人が事前に承諾している場合（108条1項ただし書）も同様である。さらに，その代理行為が無権代理行為となるとしても，本人が事後的に承諾し，追認すれば有効な代理行為として本人に効果が帰属する。

さらに，自己契約や双方代理以外の場合であっても，代理人の利益と本人の利益が相反する行為については，無権代理行為とみなされる（108条2項本文）。たとえば，親権者Bが，BのCに対する債務の担保としてその未成年の子Aの財産に抵当権を設定する場合は，形式的には自己契約にも双方代理にもあたらないが，親権者の債務不履行が生じると，子の財産の抵当権実行によって親権者の債務の弁済がされることになるので，親権者の利益と未成年の子の利益が相反し，親権者の行為は無権代理になる。このような場合には，親権者は，子のために特別代理人を選任することを家庭裁判所に請求しなければならない（826条1項）。

　銀行や郵便局で，未成年の子名義の預貯金の通帳を親が作る場合がよくある。これは，預貯金の原資が子のもらったお年玉や小遣いであれば，親が法定代理人として署名代理によって代理行為をしていることになる。これに対して，預貯金の原資が親の資金であるときは，親から子への贈与の意図であれば，贈与を受けた子に代わって親が預金をするという署名代理による代理行為になり，そうでなければ，名義だけを子にした親本人の預貯金契約を自ら締結している（口座の名義借り）ことになる。

5　代理権の消滅

代理権はどのような場合に消滅するか

　任意代理・法定代理をとわず，代理権は，本人の死亡により，または代理人の死亡，破産手続開始の決定もしくは後見開始の審判を受けたことにより，消滅する（111条1項）。

　任意代理の場合は，さらに，代理権授与の原因となった本人・代理人間の契約関係の終了によって（111条2項は「委任の終了」としか書いていないが），代理権が消滅する。ただし，契約終了後も，急迫の事情があるときは，代理権は残る（654条）。

本人と代理人との間の契約が消滅すると代理権はどうなるか

　委任契約はいずれの当事者からも自由に解除できる（651条1項）。解除されると契約は終了し，代理人の代理権も消滅するが，この場合の解除の効果は遡及しないものとされる（652条・620条）。したがって，委任契約が解除によって終了しても，解除前にされた受任者による代理行為の効果は消滅しない。

　では，代理権の発生原因となった本人・代理人間の契約がもともと無効であったり，取り消された場合はどうなるであろうか。無効の場合は，代理権のない者が代理行為をしたことになる。取消しの場合は，無効の場合と同じように処理する考え方と，解除の規定を類推して遡及効を否定する考え方がある。代理権のない者の代理行為として扱われる場合でも，実際には表見代理が成立して相手方が保護されることが多いであろう。

第3節　代理行為

1　代理の顕名主義

代理人は本人への効果帰属を明らかにして行為する

　代理人の行った法律行為の効果を本人に帰属させるためには，代理人が本人のためにすることを示してする必要がある（99条1項）。いいかえれば，本人の名前を出してその代理人として行為することを取引の相手方に明示しなければならないということで，このようなルールを顕名主義（本人の名において代理人として行為）という。これは，取引の相手方として，その取引の結果生じる権利義務が代理人個人に生じるのか（代理人個人の取引であるのか），それとも代理人とは別の者に生じるのか（直接交渉にあたった代理人以外の者との取引であるのか）がきわめて重要だからである。

　通常，BがAの代理人として行為している場合には，契約書への記名は，A代理人Bと表示される。Aの名を出さないで取引すると，B個人に効果が帰属する（100条本文）。ただし，相手方として誰との取引であるかがわかっていればよいのであるから，代理人が本人の名を示さなくても，相手方として本人が誰かを知っているか，または注意すれば諸般の事情から知ることが可能であった場合には，本人との取引ということになる（100条ただし書）。また，商行為の代理の場合は，簡易・迅速な処理のために，本人の名を示さなくても原則として本人に効果が帰属するとされる（商法504条本文）。

　わが国では，実印を交付されている者が契約書に直接本人の名前を記入し，実印を押捺するような場合のように，代理人の名前を出すことなしに，直接に本人の名前を記入して行う取引（署名代理）も有効な代理と認められている。

2　代理人の意思表示の瑕疵

　代理の場合，意思表示は代理人によって行われるので，錯誤や詐欺，強迫などの有無，あるいはある事情の知・不知など（たとえば，192条の即時取得の場合）がある法律行為の効力に影響を及ぼす場合，その事実の有無は代理人について判断され，本人がどうであったかは考慮されないのが原則である（101条1項）。たとえば，代理人が詐欺にあった場合，本人は，だまされていなくても取消権を取得する。

　代理人が相手方から意思表示を受領する場合についても同様である（101条2項）。

　しかし，代理人が本人から特定の法律行為をすることを委託されているときは，本人が知っていたり，過失によって知らなかった事情については，代理人が知らなかったと主張することはできない（101条3項）。本人が代理人の行為をコントロールすることができた場合も，同様であるとされている。したがって，上述の例で，代理人が詐欺にあっていることを本人が知っており，その旨指摘する機会があったのに指摘しなかったような場合は，もはや本人は取り消すことはできない。

3　代理人の行為能力

　代理人は制限行為能力者でもよい。このような代理人が代理行為を行った後に，本人としてもまた代理人としても，代理人の制限行為能力を理由に代理行為を取り消すことはできない（102条本文）。これは，代理人の行った行為の効果は本人に帰属するから，たとえ不利益な行為であっても代理人たる制限行為能力者にはその不利益は及ばないこと，および判断力の劣ることを承知のうえで代理人に選んだ以上，制限行為能力者による代理行為であることを理由に本人が行為の取消しを認めることは信義に反することによる。もちろん，代理人は，本人との間の委任契約などの事務処理契約を自己の制限

行為能力を理由に取り消すことはできる。ただし，この場合でも，すでにされた代理行為に影響はない（183頁参照）。

　ただし，成年被後見人である親権者が未成年の子の代理行為を行った場合のように，制限行為能力者が他の制限行為能力者の法定代理人として行った行為については，代理行為の本人である制限行為能力者を保護する必要から，制限行為能力者である法定代理人，その成年後見人，本人である未成年者が，法定代理人の制限行為能力を理由として取り消すことができる（102条ただし書・120条1項）。

第4節　無権代理

1　無権代理の効果

　もともと代理権が与えられていなかったり，与えられていた代理権が消滅してしまっているにもかかわらず代理行為が行われた場合や，与えられた代理権の範囲を超えて代理行為が行われた場合は，その行為には代理権が存在していなかったのであるから，代理行為の効果は本人に帰属しないのが原則である。これを無権代理という。これに対して，代理権のある者によって代理行為が行われた場合を有権代理とよぶ。

　「無権代理によってされた契約は無効だ」という言い方がされるが，この場合の「無効」の意味は，公序良俗違反の無効（90条）とは異なる。公序良俗違反の場合は法律行為自体が無効になるのであるが，無権代理の場合は，代理人の行った代理行為自体（すなわち法律行為）には問題はないので法律行為の効果は有効に発生するが，代理権が存在していなかったために，本人にその効果が帰属しないというにとどまる。

99条1項は，「本人のためにすることを示して」という表現を用いているが，これは本人の利益になるようにという意味ではなく，「効果の帰属する本人の名を明らかにして」という意味であり，より厳密に「本人の名において」と表現される場合もある。ちなみに，委任契約に関する646条2項は，受任者は，「委任者のために自己の名で取得した権利」を委任者に移転する義務を負うとしているが，これは「委任者の利益のために受任者が権利者として直接取得した権利」という意味である。また，事務管理についての697条1項の「義務なく他人のために事務の管理を始めた者」も，「そうする義務がないのに，他人の利益のためにその他人の事務の管理を始めた者」という意味である。「〜のために」という表現が出てきたときは，注意しよう。

いわば効力浮動状態であり，本人が事後的に追認することによって本人に効果が帰属し，全体として相手方と本人との間で有効な契約が締結されたことになる（113条1項）。

2　本人の追認と追認拒絶

無権代理行為が行われたのであるが，それが本人にとって不利益なものではなかった場合や，取引上の信用を重んじて相手方に損失を与えないようにしようと本人が考えた場合には，本人は，追認することによって代理行為の効果を自ら引き受けることができる（113条1項）。追認がされると，反対の意思が表示されていない限り，契約の時にさかのぼって本人との間で有効な契約が締結されたことになる（遡及効。116条本文）。

逆に，本人は追認を拒絶することによって，効果が本人に帰属しないことを確定することもできる。

追認にせよ，追認拒絶にせよ，その意思表示は相手方に対してしなければならない。代理人に対して追認の意思表示をしていただけでは，相手方がそれを知らないうちに115条の取消権を行使したときは，追認の効力を主張できない（113条2項）。

ケースのなかで 13　権利者は無権利者による販売委託契約を追認してもその履行を請求できない　ＸはＡから工場を賃借してブナシメジを生産していたが，賃貸借契約解除をめぐるトラブルからＡが工場を占拠し，Ｙ農協との間でブナシメジの販売委託契約を締結し，Ｘ所有のブナシメジをＹに出荷した。Ｘは，販売委託契約に基づく債権債務をＸＹ間に発生させる趣旨でＡＹ間の契約を追認したとして，Ｙに対して販売代金の支払を請求した。裁判所は，販売委託契約に基づく債権債務がＸの追認によりＸに帰属するに至ると解するならば，ＹがＡに対して有していた抗弁を主張できなくなるなど，Ｙに不測の不利益を与えることになるとして，Ｘが販売委託契約に基づく販売代金の引渡請求権を取得すると解することはできないとした。

　　《無権利者による処分行為，追認，債権債務の帰属……最判平23年10月18日》

3　相手方の催告権と取消権

　本人が追認するか，拒絶するかのいずれかの行動をとるまで無権代理の相手方は本人との間の契約が有効になるのか，無効になるのか未確定の不安定な状態におかれる。そこで，この不安定な状態を相手方のほうから解消する手段として，一定の期間内にどちらにするか決めるように本人に催告する権利が相手方に与えられている（114条前段）。期間内に返事がないときは，追認が拒絶されたものとみなされる（同条後段）。

　また，自称代理人に代理権がないことを知らなかった相手方は，本人が追認する前であれば，無権代理人との間の行為（代理行為）を取り消すことができる（115条本文）。ここでいう取消しは，効力浮動状態の契約の効力を確定的に無効にするという，いわゆる意思表示の「撤回」の一種である。したがって，相手方として詐欺や行為能力の制限を理由とする本来の「取消し」は，本人の追認がされた後でも妨げられない。

　無権代理の場合の本人による追認に類似した状況として，他人物売買の場合の本人による追認がある。AがB所有の物をA所有と偽ってCに販売した場合において，Cに即時取得（192条）が成立しなければ，Cは目的物の所有権を取得できない。この場合に，AがBの行為を追認すれば，Cは所有権を取得できる。しかし，Aは，追認により，BC間の売買契約がAC間の売買契約となるとして，Cに対して代金の支払を請求することはできない（**→ケースのなかで13**）。

　これは，無権代理では本人名義で相手方との間の契約が締結されていることから，追認により物権的効果も債権的効果もともに本人に帰属することになるが，他人物売買では契約は自称所有者と相手方との間で締結されているため，追認によっても物権的効果しか本人には帰属しないからである。

4　無権代理人の責任

　無権代理の場合，その効果は本人に帰属しないだけでなく，代理人にも帰属しない。しかし，無権代理人が本人の追認を得ることができなかった場合には，無権代理人は，相手方の選択に従って，その債務を履行する責任，または相手方に生じた損害を賠償する責任を負う（117条1項）。相手方が履行を選択すると，代理人は有権代理であれば本人が負担したのと同一の債務を履行する義務を負うことになる（本人が取得したであろう権利があれば無権代理人が取得する）。もっとも，代理人が他人所有の不動産を無権代理で売却した場合などでは，相手方から履行の責任を選択されても，履行は不可能なので結局は損害賠償義務のみを負うことになる。損害賠償の内容は，債務が履行されたら得られたであろう利益，すなわち履行利益の賠償である。

　この無権代理人の責任は，相手方を保護するために法律によって特別に認められた法定責任である（709条の不法行為責任の特則という性格をもつ）。通常の不法行為の損害賠償請求の場合のように，無権代理人の故意・過失を証明する必要はない。ただし，この規定による保護を受けるためには，相手方は，自称代理人に代理権のないことを知らず（117条2項1号），かつ知らないことに過失がないこと（同項2号）が必要である。また，無権代理人が制限行為能力者である場合は，責任を課されない（同項3号）。相手方がすでに115

条による取消しをしている場合には，117条の無権代理人の責任を追及することはできない。

5　本人と無権代理人との地位の融合

無権代理人が本人を相続したとき

　たとえば，子Aが親Bの不動産をBの代理人としてCに売却したが，実際にはBはAに代理権を与えていなかった場合において，Bが死亡したことによってAが相続人としてその不動産を相続したときは，無権代理が当然に追認されたことになるのか，それともAは承継した親Bの資格においてなお追認を拒絶できるのか。

　判例は，一般には，相続によって人格が融合し，本人が自ら法律行為をしたのと同様の法律上の地位を生じるとして，本人が追認拒絶をしていた場合は無権代理行為は有効にならないが，追認も追認拒絶もしないままで死亡した場合は，当然に追認されたことになるとの立場をとっている（→ケースのなかで14）。これに対して，学説は，当然に追認されたことになると，相手方の115条による取消権や117条による無権代理人の損害賠償請求権の追及の可能性が一方的に奪われることになるので，信義則上無権代理人の側で追認を拒絶することは許されないとするにとどめるべきだと解している。

　とりわけ，自動的追認は，本人が無権代理人を含む複数の相続人により共同相続された場合に，無権代理人以外の共同相続人の利益を害する。そのため，この場合には，判例も，無権代理行為が当然に有効になるのではないとしている（→ケースのなかで15）。

本人が無権代理人を相続したとき

　上記の例で，逆に，子Aが先に死亡して，親BがAを相続した場合はどうなるか。判例は，この場合は，当然に有効とはならず，本人が本人の資格で追認を拒絶することは信義則に反しないが，相続した無権代理人の資格にお

いて117条の無権代理人としての責任を負わなければならないとしている（**→ケースのなかで16**（次頁））。

　これでは，本人の資格による追認拒絶権を認めたことが無意味になるように見えるが，無権代理人は，相手方が無権代理について悪意または有過失の場合および無権代理人が制限行為能力者である場合には117条の責任を免れるので，なおこのように二段階に分けて考える実益はある。

ケースのなかで 14　**本人の追認拒絶後に無権代理人が本人を相続しても有効にならない**　Aの長男Bは，Aを無権代理して自己の経営するC社のYに対する債務の担保としてA所有不動産に根抵当権を設定し，その登記を経由した。Bが死亡して妻Dと子Xらが限定承認した。その後，Aに禁治産宣告（現在の後見開始の審判に対応）がされ，後見人に就任したDは，Aの法定代理人としてYに対して，根抵当権登記の抹消登記手続を求める訴訟を提起した。訴訟の係属中にAが死亡し，Xらが本件不動産を代襲相続により取得するとともに，訴訟を承継した。裁判所は，本人が追認を拒絶すれば無権代理行為の効果が本人に及ばないことが確定し，追認拒絶後は本人であっても追認によって無権代理行為を有効にすることができないのだから，その後に，無権代理人が本人を相続しても，無権代理行為は有効になるものではないとした。

《無権代理，追認拒絶，代襲相続，追認……最判平10年7月17日》

ケースのなかで 15　**無権代理人の相続分についても当然に有効になるわけではない**　子Xが父Aの不動産を無権代理によりYに譲渡した。それに気がついたAはY相手に移転登記抹消請求の訴訟を起こしたが，訴訟の途中で死亡し，Xを含む11名が共同相続し，訴訟も承継した。裁判所は，追認権は共同相続人全員に不可分的に帰属し，全員が共同して行使する必要があるから，他の共同相続人全員の追認がない限り，無権代理人の相続分に相当する部分においても，無権代理行為は当然に有効とはならないとして，Xらの請求を認めた。ただし，他の共同相続人全員が追認している場合に，無権代理人のみが追認を拒絶することは信義則上許されないとされた。

《無権代理，共同相続，追認，追認拒絶……最判平5年1月21日》

ケースのなかで 16　無権代理人を相続した本人は無権代理人としての責任を免れない　　AがX信用金庫から貸付を受けるにあたって，Aの友人Bは，Bの子Y（成人）の承諾なしに，Yの代理人としてAのXに対する貸金債務の連帯保証人となる契約を結んだ。その後，Bが死亡し，YがBを相続したが，Yは無権代理の追認を拒否した。AがXに対する債務を弁済しなかったので，XはYに117条に基づく債務の履行を請求した。裁判所は，本人が無権代理人を相続した場合，117条に基づいて無権代理人が負担する債務も承継するのであり，本人として無権代理行為の追認を拒絶できる地位にあったからといって，承継した無権代理人としての債務を免れることはできないとした。

《無権代理，相続，追認，追認拒絶……最判昭48年7月3日》

第5節　表見代理

1　表見代理の意義と効果

　前述のように無権代理行為がされても本人には効果が帰属しないのが原則であるが，本人と取引をしているとの相手方の信頼を保護するために，本人，無権代理人，相手方の間に一定の事情が存在する場合には，あたかも代理権のある者によって代理行為が行われた場合と同様に，本人に効果が帰属するとされる。この制度を，表見代理とよぶ。

　表見代理には，実際には代理権が授与されていないのに，授与されたかのような表示を本人がした場合（109条），なんらかの代理権を有する代理人がその与えられた権限の範囲を超えて代理行為を行った場合（110条），代理権が消滅したにもかかわらず代理行為がされた場合（112条）の3つのタイプがある。いずれのタイプにおいても，本人の側の一定の帰責事由（109条では虚偽の授権表示，110条では基本代理権の授与，112条では代理権消滅の不通知）と，

相手方の一定の保護事由（無権代理であることについての善意・無過失）が共通の要件とされている。

2　代理権授与の表示による表見代理

本人がある者に代理権を与えたとの表示をしたのに，実際には代理権が与えられていなかった場合，代理人が代理権を有していないことについて相手方が善意・無過失であったときは，表見代理の成立が認められる（109条1項）。

表示は，口頭でも書面でもよいし，不特定多数の者に向けられた新聞広告のようなものでもよい。Aを本人とする委任状が代理人を称するBによって偽造されたものである場合は，たとえ相手方Cがそれが真正なものであると善意・無過失で信頼していたとしても，本人Aの帰責性が欠けているから表見代理にはならない。

ケースのなかで 17　**官庁の一部局と見られるような名称使用の許諾は表見代理になる**（東京地方裁判所厚生部事件）　　東京地方裁判所は，職員の互助団体Aが，東京地方裁判所厚生部という名称を用い，裁判所の正規の部局である事務局総務課厚生係の室を使用して活動することを許してきた。Aの事務は，現職の事務官が裁判所の裁判用紙や庁印を使用して行っていた。Xは，Aに納品したが代金の支払がなかったので，裁判所（すなわち国Y）に支払を求めた。裁判所は，法令によって権限の定められた官庁といえども，他人に自己の名称，称号などの使用を許し，その他人のする取引が自己の取引であるかのように見える外形を作り出した場合は，この外形を信頼して取引した第三者に対し，自ら責に任ずべきであるとして，109条の類推適用を認めた。

《表見代理，名板貸し……最判昭35年10月21日》

AがBに通常であれば代理権が与えられているような肩書きの使用を許している場合（商法24条や会社法13条の表見支配人，会社法354条の表見代表取締役は

この場合の特例）や，ＢにＡの名義の使用を許している場合（商法14条や会社
法９条の自己の商号の使用を他人に許諾した者の責任はこの場合の特例）も，表示
による表見代理が成立する。

　さらに，実際には代理権は与えられていないにもかかわらず，本人によっ
てされた代理権授与の表示から推測される権限を超えて自称代理人が代理行
為を行った場合は，相手方がなお自称代理人に代理権があると信ずべき正当
な理由があるとき，すなわち，表示から推測される代理権の範囲内の行為で
あると善意・無過失で信頼していたときに限り，有権代理となる（109条２
項）。これは，109条１項の表見代理と110条の表見代理とが重畳的に適用さ
れる場合ということができる。

3　権限外の行為の表見代理

　本人から一定の範囲の代理権を与えられた者が，その権限の範囲を超えて
代理行為をした場合，それが代理権の範囲内の行為であると信ずるについて
正当な理由があったときは，表見代理が成立する（110条）。たとえば，本人
から金銭の借入れの担保のための抵当権設定を委任され，それに必要な土地
の権利証と実印と印鑑証明書の交付を受けた代理人が，これらの書類を使っ
て土地を売却してしまったような場合である。

正当な理由が必要である

　正当な理由があるとは，相手方が代理権の範囲を超えた代理行為であるこ
とを過失なくして知らないこと（善意・無過失）を意味する。取引の環境や
相手方の職種によっては，相手方として積極的に権限の有無やその範囲を調
査したり，本人に照会したりする義務が信義則上生じることがあり，このよ
うな場合に調査・照会することなしに漫然と代理人を信頼していると，過失
ありとされ，正当理由の存在を否定されることがある（→**ケースのなかで18**
（196頁））。とりわけ，相手方が金融機関である場合に，この調査・照会義務

の不履行が問題とされることが多い。たとえば，BがC銀行からローンを受けるにあたって，Aを連帯保証人としてあげ，そのAの代理人として連帯保証の契約を結ぶような場合は，銀行には連帯保証人とされたA本人の意思確認を行う義務があるとされる。

なんらかの代理権が存在することが必要である

　このタイプの表見代理が成立するためには，代理人になんらかの代理権（基本代理権とよばれる）が与えられていることが必要である（→**ケースのなかで19**（196頁））。なんらの代理権も存在しない場合には，そもそも110条の表

見代理の問題とはならず，本人が代理権授与の表示をしている場合に，前述の109条の表見代理の成立の可能性があるにとどまる。

　基本代理権と代理人が実際に行った権限外の代理行為に関連性がある必要はなく，まったく別個の種類の行為であってもよい。種類の違いは，相手方の正当理由の判断にあたって顧慮されることになる。

　ケースのなかで 18　**実印の交付があっても正当理由があるとはいえない場合がある**　　A社の代表取締役Bは，たまたま別の要件で妻の父Yを代理するために預かっていたYの実印を使用して，Yを取引先のX社に対する債務の連帯保証人とする保証約定書を作成した。A社が倒産したので，Xが110条の表見代理を主張してYに保証債務の履行を求めた。裁判所は，保証契約が本人に重い責任を負わせるものであること，Bは代理行為によって利益を受けるA社の代表であること，BはBの父を保証人に立てるようにとのXの要求に対して父とは喧嘩しているからだめだといってYを持ち出したものであることなどから，保証契約の締結がYの意思に基づくものであると信ずるには足りない特段の事情があるとした。
　　　　　　　《表見代理，実印，正当理由，連帯保証人……最判昭51年6月25日》

　ケースのなかで 19　**基本代理権は登記申請行為という公法上の行為の代理権であってもよい**　　Aは債権者Xから担保の提供を求められたので，兄Yから以前に贈与された土地の移転登記に必要であるからと称してYから実印，印鑑証明書，土地の登記済証（権利証）の交付を受け，Yを連帯保証人兼物上保証人とする契約書を作成した。Aが債務を履行しなかったので，XはYに対して保証人としての支払を請求した。裁判所は，登記申請行為が私法上の契約による義務の履行のためにされるものであるときは，登記申請行為の代理権限を基本代理権として110条の表見代理の成立を認めることは妨げられないとした。
　　　　　　　《表見代理，基本代理権，登記，公法上の行為……最判昭46年6月3日》

　ケースのなかで 20　**定款上代表権の制限された理事の代表行為についても表見代理は成立する**　　Y漁業協同組合の理事長AはXとY所有の土地について売買契約を締結した。この契約に基づき，XがYに土地の移転登記を求めたのに対

して，Ｙは，固定資産の取得・処分については理事会の承認が必要であると定款に定められていたのに，本件売買に関しては理事会の承認が得られていないとして，売買契約の無効を主張した。裁判所は，Ａの代表権に定款上制限が加えられていることをＸが知っている場合でも，ＸにおいてＡが理事会の決議を得て適法に権限を行使しているものと信じ，かつこのように信じるにつき正当理由があるときは，110条を類推適用し，ＹはＡの行為につき責任を負うとした。

《理事，代表権の制限，表見代理，正当理由……最判昭60年11月29日》

4　代理権消滅後の表見代理

　代理権が，その発生原因である本人と代理人との間の委任契約や雇用契約の終了によって消滅したのに，なお代理人として行為した場合，相手方が代理権の消滅したことについて善意・無過失であれば，表見代理が成立する（112条1項）。したがって，本人としては，この表見代理の成立を阻止するためには，委任契約の解除後に委任状を取り戻しておくとか，被用者の解雇・退職について従来の取引先に通知しておく必要がある。解雇された被用者が，従来取引関係になかった者と代理行為を行った場合でも，112条1項の表見代理が成立する可能性はあるが，相手方としてはじめて代理人と取引する場合には，本人の真意を確認しておかないと，過失ありとされることが多いであろう。

　さらに，実際には代理権は消滅しているにもかかわらず，代理人であった者がその権限の範囲を超えて代理行為を行った場合は，相手方が元代理人に当該行為についての代理権があると信ずべき正当な理由があるときに限り，有権代理となる（112条2項）。これは，112条1項の表見代理と110条の表見代理とが重畳的に適用される場合ということができる。

5　表見代理の効果

　表見代理の要件を満たした場合は，有権代理がされたのと同様の効果が本人に帰属する。

ただし，表見代理に該当するからといって，無権代理の性質がなくなるわけではない。すなわち，相手方としては，その選択によって，表見代理の効果を主張して本人に債務の履行を求めてもよいし，無権代理として代理人の責任を追及してもよいし，取消権を行使してもよい。責任を追及された無権代理人として，表見代理の要件を満たしていることを理由に，相手方に対する責任を免れることはできない。もっとも，本人が追認してしまえば有権代理となって，もはや無権代理人の責任を追及することはできなくなる。

第**11**章　期　　　間

　4月1日の午前中に繁華街の電化製品の販売店でパソコンを買ったところ，翌年の4月1日のお昼ごろ使用中に故障して動かなくなってしまった。パソコンにはメーカーの保証書が添付されていて，お買い上げ日から1年以内であれば，お買い上げの販売店またはメーカーのサービスセンターで無料で修理すると書いてある。そこで，4月1日の夕方にパソコンと保証書をもって販売店まで修理を依頼しにいった。無料で修理してもらえるか。修理に持ち込んだ時点は，厳密に考えると購入時点から1年を超えている。

　民法は，このような期間の計算方法についての一般的ルールを定めている。

期間とは，１年間とか８日間とかいうような，ある時点から別の時点までの時間の長さをいう。期間は，失踪期間や時効期間のように法律で定められている場合と，建物の賃貸借期間や代金の支払猶予期間のように契約において定められる場合がある。期間の計算方法は，それぞれの法律や契約に特別の定めがされていればそれにより，定めがない場合には以下で述べる民法の規定が適用される。

　公法や刑事法，訴訟法における期間についても，計算方法について特別の規定（たとえば，刑事訴訟法55条）がなければ民法が適用される（138条）。その意味で，期間に関する民法の規定は，民事法の通則であるにとどまらず，法律全体についての通則でもあり，本来は「法の適用に関する通則法」中に規定されるべきものであったとの指摘もされている。

　期間の計算方法には，時・分・秒の単位を用いて計算する方法（自然的計算方法）と日・週・月・年の単位を用いて計算する方法（暦年的計算方法）とがある。民法は，期間を時以下の単位で定めた場合は，即時に起算するとする（139条）。会議室を３時間借りる場合，借りた時点から３時間経過すれば期間が満了する。これに対して，日以上の単位で定めた場合は，期間が０時から始まる場合を除き，期間の初日を算入せず（140条），翌日を１日目と計算し，期間の末日の24時をもって期間の満了とする（141条）。

　たとえば，３月31日の15時に１週間後に返済するという約束でお金を借りた場合，４月７日の24時までに返済しなければならない。ここで，１月後に返済するという約束の場合は，４月には31日はないから，30日が満了日になる（143条２項ただし書）。期間の末日が日曜，祭日あるいはその他の休日（最近では土曜がこれにあたろう）にあたり，その日に取引をしない慣習のある場合は，その日の翌日まで（休日が続けば平日になるまで）末日が繰り延べられる。

　199頁の設例の場合は，民法上は１年以内に修理に持ち込んだことになる。

★ コラム⑬：4月1日生まれのなぞ

小学校では4月1日から学年が変わるのに，1学年で誕生日の最後に来る者は3月31日生まれではなく，4月1日生まれの者である。これはなぜか。

学校教育法17条1項によると，保護者は子を「満6歳に達した日の翌日以後における最初の学年の初めから」就学させる義務を負っている。1902年に制定された「年齢計算ニ関スル法律」によると年齢は出生の日より起算するとされているので，4月1日生まれの子どもの場合，満6歳になるのは3月31日の24時となる。翌日の4月1日から新学期が始まるので，4月2日以降に生まれた子どもよりは1年早く入学することになる。

これに対して，民法の原則通りで計算すると，初日（すなわち出生の日）は計算に入れないから，「満6歳に達した日」とは，6年後の4月1日の24時となる。したがって，「翌日以後における最初の学年の初め」である翌年の4月1日まで待たなければならない。3月31日生まれの子どもの場合は，6年後の4月1日から入学できる。民法の原則でいくほうが分かりやすい。

★ コラム⑭：特定商取引に関する法律のクーリング・オフ期間

特定商取引に関する法律9条は，訪問販売による契約の締結後または申込後，一定期間内であれば，消費者は無条件に契約の解除または申込みの撤回をすることができるとしている。これは，販売員のセールストークにのせられて契約を結んだ消費者に冷静に再考する機会を与えるものであり，クーリング・オフの権利とよばれている。クーリング・オフの権利の行使期間は，一定の事項を記載した書面を消費者が受領した日から起算して8日間とされている。つまり，火曜日に契約をした消費者は翌週の火曜日の24時までにクーリング・オフの権利を行使すればよい。1988年改正前は，7日間であったが，同じ曜日まで権利を行使できるとするのが分かりやすいということで，8日間に延長された。

第12章 時　　効

　AがB所有の土地をA所有の土地と過失なしに誤信して建物を建てて10年間住み続け，その間Bから何のクレームも寄せられなかった場合，11年目にBがAに建物を取り壊して土地を明け渡すように請求してきても，AとしてはBのこの請求を拒むことができる。逆に，AはBに対してBからAへの土地の所有権の移転登記手続を求めることができる（162条2項）。

　また，CがDから100万円借りて1年後に返済するという約束をしていても，1年後の返済期限が到来してからなお5年間Dが支払の請求をしないと，DのCに対する貸金債権は消滅し，DはCに支払の請求ができなくなる（166条1項1号）。

　このように，時効とは，ある事実状態が一定期間継続する場合に，それが真実の権利関係に一致しているかどうかを問題にせずに，その事実状態に即した権利関係の存在あるいは不存在を法的に認めるという制度である。第1の例のように，占有の継続という事実状態の継続によって占有者に権利を取得させる取得時効と，第2の例のように，権利者の権利行使がないという事実状態の継続によって権利を消滅させる消滅時効の2種類がある。取得時効については，物権法の占有権の規定（180条以下）と一緒に勉強するのが効率的である。

第1節　取得時効

1　所有権の取得時効

　所有権を時効取得するための要件は，他人の物を所有の意思をもって平穏かつ公然と20年間占有し続けることである（162条1項）。占有を開始した時点で，自己が所有権を有していないことを知らず，知らないことに過失がなかった場合は，期間は10年に短縮される（同条2項）。

自主占有であること

　占有とは物を事実的に支配している状態をいう。必ずしも手近においている必要はなく，他人に貸した状態でも占有（間接占有）はあるから，貸している期間も含めて一定の期間を経過すれば取得時効が完成する。

　時効取得するためには，所有の意思をもった占有，すなわち自主占有でなければならない。これに対して，所有の意思のない占有を他主占有という。所有の意思があるかどうかは，占有者が内心どう思っているかによって決まるのではなく，占有するに至った原因（185条はこれを「権原」とよんでいる）の客観的性質によって決まる。たとえば，売買を原因とする買主の占有は自主占有であり，盗人についても，盗む行為自体に本来の所有者の所有を排除し，自己の所有を確立しようとの意思が客観的に示されているので，（悪意の）自主占有になる可能性がある（もっとも，裁判において認められることはほとんどない）。これに対して，賃貸借を原因とする賃借人の占有は他主占有であり，最初から返還する意思がなかったとしても他主占有であることに変わりはない。

┌───┐

★ コラム⑤：占有は長ければよいか

　不動産の場合，占有期間が長ければよいというものではない。詳しくは，不動産物権変動の対抗要件の問題になるが，たとえば，30年間占有を続けていても，時効取得を原因とする所有権の移転登記を経ていないと，当該不動産が本来の所有者から第三者に譲渡されてしまった場合に，その第三者との関係で時効取得が認められないことがある。これは，判例が，時効取得の成否が争われている現在の時点からさかのぼって10年間あるいは20年間占有の継続があれば時効取得が認められるという立場をとらず，実際に占有を開始した時点から期間を起算するという立場をとっているために，時効完成後，第三者が登場する前に登記手続をしていないことの不備をつかれるからである。

└───┘

　したがって，他人から借りた物を何年間継続して占有し続けても，時効取得することができない。途中で返還する意思がなくなっても同様である。ただし，返還の意思がなくなった時点で，貸主にその旨を通知するか，あるいは買い取るなどして権原の性質を変えれば，他主占有が自主占有に変わり（185条），取得時効の可能性がでてくる。もっとも，前者の場合，普通の貸主なら，直ちにそれに抗議して返還を請求するだろうが。

善意・無過失であれば短期で時効取得できる

　善意の占有とは，自分に所有権がないことを知らないこと，言い換えれば，自分に所有権があると信じていることをいう。無過失とは，自分に所有権ありと信じていることについて過失がないことである。不動産の場合は，登記簿上の名義人を所有者と信じていれば無過失とされ，逆に，売主と登記名義人とが異なる場合には，登記簿や名義人にあたって調査しないと過失ありとされる。

占有を継続していること

　占有を20年間継続すれば，時効が完成する（長期取得時効。162条1項）が，占有の開始時点で善意・無過失であった場合は，占有の継続の必要な期間が10年間に短縮される（短期取得時効。同条2項）。短期取得時効のためには，占有の最初の時点で善意・無過失でありさえすればよく，その後悪意になっ

ても10年で時効が完成する。

占有を承継したときは

　Aの占有している物が売買や相続によってBに譲渡された場合，Bは譲受時点以降の自己の占有のみを主張してもよいし，Aの占有も合わせて，期間を合算してもよい（187条1項）。ただし，Aの占有も合わせて主張する場合は，Aの悪意や有過失といった主観的事情（占有の瑕疵）も承継することになる（同条2項）。たとえば，Aが悪意で13年間占有し，その後Bが善意・無過失で8年間占有した場合，Bは自己の占有のみでは，時効取得の要件を満たさないが，Aの占有も併せて主張することによって，長期取得時効の要件を満たすことができる。

　Aが善意・無過失で3年間占有し，その後Bが悪意で8年間占有した場合には，BはAの占有と合算することによって短期取得時効を主張できるとされている。

　被相続人が他主占有していた物を，相続人が被相続人の所有物であると誤信して占有して占有を引き継いだ場合は，相続の時から相続人の自主占有が生じたものとされ，時効取得の可能性が出てくる。

いろいろ推定される

　自主占有であること，平穏・公然の占有であること，および善意の占有であることは推定される（186条1項）から，それを否定する側で反対の証拠をあげなければならない。ただし，無過失であることまでは推定されないので，この点は占有者の側で立証する必要がある。

　ある2つの時点で占有をしていたとの証拠がある場合，その2時点の間継続して占有していたことが推定される（186条2項）。

図 12-1 善意・悪意と占有の承継

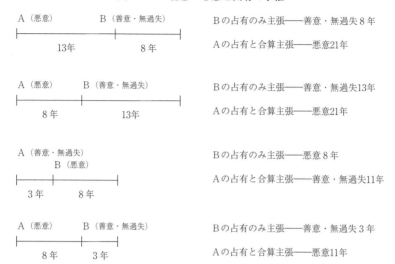

A（悪意） B（善意・無過失）
13年　8年

Bの占有のみ主張——善意・無過失8年
Aの占有と合算主張——悪意21年

A（悪意） B（善意・無過失）
8年　13年

Bの占有のみ主張——善意・無過失13年
Aの占有と合算主張——悪意21年

A（善意・無過失）
B（悪意）
3年　8年

Bの占有のみ主張——悪意8年
Aの占有と合算主張——善意・無過失11年

A（悪意） B（善意・無過失）
8年　3年

Bの占有のみ主張——善意・無過失3年
Aの占有と合算主張——悪意11年

他人の物でない場合は

162条では，「他人の物」について時効取得が成立するとされている。しかし，たとえば，BがAから不動産を譲り受けたが，所有権移転登記を経ないでいるうちに，同一の不動産をCがAから二重に譲り受け，先に登記を経たような場合，Bにとっては「自己の物」であっても，Cに対して当該不動産の（通常は短期の）取得時効を主張することができる（→ケースのなかで21）。

ケースのなかで 21　「自己の物」でも時効取得できる

　Yは，昭和27年11月にAから建物の贈与を受けて占有してきたが，所有権移転の登記をしていなかった。その後Aはこの建物に自己の債務のために抵当権を設定し，その実行によりXが競落し，昭和37年10月29日にXへの所有権移転登記がされた。Xからの建物明渡請求に対して，Yが短期取得時効を主張した。裁判所は，所有権に基づいて不動産を長く占有する者であっても，登記を経由していないために所有権取得の立証が困難であったり，第三者に対抗できないなどの場合において，取得時効による権利取得を主張できると解することが制度本来の趣旨に合致するのであり，162条は自己の物について取得時効の援用を許さない趣旨ではないとした。　　　　　《取得時効，自己の物……最判昭42年7月21日》

2　所有権以外の権利の取得時効

　所有権以外の財産権も，自己のためにする意思をもって平穏かつ公然と20年間または10年間行使し続ければ，時効取得することができる（163条）。地上権，永小作権，地役権（283条で継続的に行使され，かつ外形上認識可能なものに限定されている）といった用益物権のほか，質権や賃借権についても認められる。たとえば，賃借権の場合は，現実に目的物を占有し，かつ賃料を継続して支払っていれば，本来の所有者から無効な賃貸借契約に基づいて引渡しを受けている場合のみならず，本来は所有者でない者を所有者として賃貸借契約を結んで引渡しを受けている場合も，時効取得が認められる。ただし，後者の場合，本来の所有者が賃料を請求してきたときは，その者に賃料を支払う必要がある。

3　取得時効の機能

　とりわけ，長期取得時効は悪意取得時効ともよばれることがあるように，他人の物であることを知っていながら自分の物にしてしまおうとする占有者に権利を取得させるというモラルに反した制度であるかのような印象を与える。しかし，現実の紛争事例には，このようなケースはきわめて稀である。多くは，先代，先々代から占有しているが，所有権の取得についての証拠が残っていない場合や，隣地との境界争いでどこが境界かについての証拠がない場合，あるいは，動産の譲渡で譲渡人が所有者でなかったが，譲受人として善意・無過失の立証（192条の即時取得の主張に必要）ができなかった場合に，長期取得時効でけりをつけるという使われ方をしている。

　また，短期取得時効のほうは，不動産について，前述の対抗要件を取得できなかった譲受人の保護のために利用されることが多い。動産については，善意・無過失の譲受人保護のために即時取得の制度があるので，短期取得時効にはほとんど出番がない。

第2節　消　滅　時　効

1　債権の消滅時効

　債権は，一般に，債権者が権利を行使することができることを知った時（主観的起算点）から5年間，または権利を行使することができる時（客観的起算点）から10年間行使しないと時効消滅する（166条1項）。

　契約から生じる債権のうち主たる給付に関するもの（たとえば，売買契約における代金債権と目的物引渡債権）については，通常は，主観的起算点と客観的起算点は一致しているので，履行期から5年で時効消滅することになる。

　期限付き，条件付きの債権である場合には，消滅時効期間の客観的起算点である「権利を行使することができる時」とは，期限到来，条件成就の時である。この場合，権利の行使が可能であることを債権者がたまたま知らなかったとしても客観的起算点からの時効期間は進行する。したがって，不確定期限の到来や条件成就を債権者として知らないままに消滅時効期間が経過してしまうこともありうる。

　普通預金債権（666条の期限の定めのない消費寄託）のような期限の定めのない債権については，原則として債権者はいつでも履行の請求ができるので（そして，412条3項により債務者は請求を受けた時から履行遅滞となる），債権の成立の時点から時効が進行する。返還時期を定めていない消費貸借については，債権者はいつでも相当の期間を定めて履行を請求することができるとされている（591条1項）。この場合，債権成立後，その相当とされる期間を経過した時点から時効が進行する。

　なお，人の生命または身体の侵害による損害賠償請求権の客観的起算点か

らの消滅時効期間は20年とされる（167条）ほか，民法や特別法で，別段の期間が定められている場合もある（→**コラム**(96)）。

ケースのなかで 22　分割返済の場合は期限の利益喪失条項があっても請求しないと全額の消滅時効は進行しない　　Yは X 銀行から，半年ごとに10回の元利均等分割返済，1回でも返済を怠った場合は期限の利益を失い，元利金を一時に請求されても異議ないとの約定で金銭を借りたが，2回返済しただけで，あとは延滞になった。2回目の弁済期から5年余りを経過した時点でXが訴訟を提起したので，Yは消滅時効（2017年改正前の商法522条）を主張した。裁判所は，右のような約定が存在する場合には，1回の不履行があっても各割賦金額につき約定弁済期ごとに順次消滅時効が進行し，債権者がとくに残債務全額の弁済を求める意思表示をした場合に限って，その時から全額について消滅時効が進行するとした。
《割賦払債務，期限の利益喪失条項，消滅時効の起算点……最判昭42年6月23日》

2　所有権以外の財産権の消滅時効

所有権以外の物権は20年で時効消滅する

所有権および所有権に基づく物権的請求権は，行使しなくても時効消滅しない。したがって，占有を失った後に30年を経てから返還請求することもできる。ただし，他人が長期間の占有によって時効取得した結果として本来の所有者が所有権を失うことはある。

地上権のような用益物権は20年で時効消滅する（166条2項）。質権や抵当権のような担保物権は，それによって担保されている債権と運命をともにする（担保権の付従性）ので，原則として独立して時効消滅することはない。

形成権については議論がある

取消権は取消権者による取消しの意思表示がされれば直ちに無効の効果が生じる（121条）。このように，権利者の権利行使の意思表示のみで効果が生ずるような権利を形成権という。取消権については，一般に追認することが

人の生命・身体侵害による損害賠償請求権	権利を行使できることを知った時から5年（166条1項1号） 権利を行使できる時から20年（167条）
定期金債権	各債権を行使できることを知った時から10年（168条1項1号） 各債権を行使できる時から20年（168条1項2号）
判決で確定した権利	権利確定の時から10年（169条1項・147条2項）
不法行為による損害賠償請求権	損害および加害者を知った時から3年（724条1号） ただし，人の生命・身体侵害については上記事項を知った時から5年（724条の2） 不法行為の時から20年（724条2号）
財産の管理について生じた親子間の債権	管理権が消滅した時から5年（832条1項）
後見に関して生じた債権	後見終了の時から5年（875条1項）
労働者の賃金	支払うべき時から2年（労働基準法115条）
税　金	法定納期限から5年（国税通則法72条）

できる時から5年，行為の時から20年で時効消滅するとされる（126条）。

　契約が結ばれただけで履行がされていないのであれば，取消しの意思表示さえしておけば十分であるが，代金を支払済みであるとか，商品を引渡し済みであるときは，取り消したうえで代金や商品の返還請求をする必要がある（121条の2の原状回復請求）。この原状回復請求権は通常の債権であり，権利行使は取消しの時から可能になるので，追認できる時から5年以内に取り消し，それからさらに5年間は原状回復請求ができる（二段式構成）。しかし，取消権の行使はその後の原状回復請求権の行使のための前提であるにすぎないのに，合計最長10年間も原状回復請求が可能なのは，取消権の行使期間を5年という短期に限定した趣旨に反するとして，取消権と原状回復請求権の行使をともに追認可能となった時から5年以内にしなければならないという説（一段式構成）が学説では多数を占めている。

売買契約において買主は代金を支払っているのに，売主が商品を引き渡さないというような債務不履行の場合の解除権（541条）も形成権であるが，そもそも解除権については行使期間に関する一般的な規定がない。かといって，所有権以外の財産権の20年の消滅時効（166条2項）を適用すると，本来の債権の消滅時効期間よりも長くなり，不都合であるので，解除権の消滅時効期間は，債権に準じて権利を行使することができることを知った時から5年，権利を行使することができる時から10年になると解されている。

3　消滅時効についての特約

　契約から生じる債権について，当事者の特約で時効期間を延長したり，起算点を遅らせたり，完成猶予事由を追加したりすることは，時効利益の事前の放棄が許されない（146条）こととの対比から，無効とされる。他方，時効期間を短縮するなど時効完成を容易にする特約は，公序良俗に反しない限り有効と解されている。

第3節　時効の共通原則

1　時効の援用

援用によって効果が確定する

　民法は，一方で，時間の経過によって権利を取得し（162条以下），権利が消滅する（166条以下）としているが，他方で，当事者が時効を援用しないと裁判所は時効に基づく裁判をできないとしている（145条）。権利の取得や消滅という時効の効果は，時効期間の経過だけではまだ不確定な状態にあり，その利益を受ける者によって時効が援用されたときにはじめて確定的に生ず

★ コラム㊼：抗弁権の永久性

　兄弟姉妹以外の法定相続人は，被相続人による遺贈や贈与によって，自己が相続人として取得できる遺産の最低割合（遺留分）が侵害された場合には，遺留分侵害額に相当する金銭の支払を受遺者等に対して請求できる（遺留分侵害額請求権，1046条）が，この権利は相続および遺留分を侵害する遺贈等があったことを知った時から1年以内に行使しないと時効消滅する（1048条前段）。ここで，被相続人AとAの単独相続人である子BがAの唯一の財産である甲建物に居住していたところ，AがAの法定相続人ではないCに甲建物を遺贈するとの遺言書を残して死亡したとする。遺言書の内容が明らかになった後もCがBに対して何も求めてこないので，BからもCに対して何も言わないで居住を続けていたところ，2年経過後にCがBに対して甲建物の明渡しを請求してきた場合に，BのCに対する遺留分侵害額請求権はすでに時効消滅しており，Bは甲建物を明け渡さなければならないのかという問題が従来から議論されている。

　取消権や解除権，遺留分侵害額請求権などの形成権は，攻撃的に行使される場合と防御的に行使される場合とがあり，上記の設例のような場合には，Cからの請求がない限り，Bからの遺留分侵害額請求権の行使はあまり期待できない。にもかかわらず，Bの遺留分侵害額請求権は時効消滅しているとしてBの防御の手段を奪うのは，Bに酷である。そこで，このような防御的な権利行使（抗弁あるいは抗弁権とよばれる）については，行使期間の制限はないとする「抗弁権の永久性」という考え方が提唱されている。

　なお，従来，「抗弁権の永久性」は，売主の詐欺によって締結された売買契約について，買主が詐欺を知ってから5年経過して取消権を行使できなくなった（126条）後に，売主が代金の支払請求（2017年改正前は，通常は10年間権利行使が可能）をしてくるような場合を念頭に議論されていたが，改正によって，この議論の実益はなくなった。

る。

　時効の援用とは，時効の利益を受ける旨の意思の表示をいう。当事者が時効を援用しない場合，裁判所は職権によって時効を認定することができない。これは，時効の利益を受けることを良心に反すると感じる当事者への利益の押し付けを避けるための規定であり，時効の利益を受けるか否かを当事者の良心に委ねたものであると理解されている。

時効を援用できるのは誰か

　取得時効の場合の占有者，消滅時効の場合の債務者といった直接の当事者のほか，時効の効果について正当な利益を有する者，言い換えれば援用によって直接に利益を受ける者も民法145条の「当事者」として時効を援用することができる。145条は，消滅時効については，保証人，物上保証人，第三取得者を例示的に列挙しているが，取得時効についても一定の者に援用が認められる。

　すなわち，AがBから金銭を借りる際にCがAの保証人となった場合，Aの返済債務の消滅時効期間が経過したときは，BがAに返済請求をしてもAは消滅時効を援用できる。この後で，Bが今度はCに保証債務の履行を請求してきても，Cは主たる債務であるAの債務の時効がAによって援用されており，したがって保証債務も消滅したこと（保証債務の付従性）を主張することができる。さらに，CはAの債務の時効消滅によって直接利益を受ける者であるから，Bから請求を受けた場合，たとえAが時効を援用していなくても，CはAの債務の消滅時効を援用することができる。なお，主たる債務者に対する時効の完成猶予および更新の効力は保証債務についても及ぶので（457条1項），保証債務だけが独自に時効消滅することは通常はない。

　また，Dの所有する土地を長期間占有しているEを所有者だと信じてFがその土地を賃借している場合，Eに取得時効が完成すればFも直接に利益を受けるから，FにもEの時効取得の援用権が認められる。E自身が時効を援用せずにDの所有を認めたとしても，FはなおEの取得時効を援用することができる。このように，完成した1つの時効について，複数の援用権者がいる場合に，援用の効果は援用した者との関係でのみ相対的に発生する。この場合には，FがD所有の土地に対して有効な賃借権を主張することができる。もちろん，Fが土地を長期間Eから賃借している場合に，Fの賃借権自体について取得時効が完成する可能性もある。

　これに対して，Fがその土地上のE所有の建物をEから賃借しているとい

う場合には，土地とその地上建物は別個の権利の対象であるからＦの利益は土地との関係では間接的であり，ＦはＥの取得時効を援用できないとされる。もちろん，ここで，Ｅが先に土地の取得時効をＤに対して援用している場合には，その援用の事実，すなわちＤは土地所有権を失った事実を主張することによって自己の建物賃借権を守ることができるのは，いうまでもない。

> ケースのなかで 23　**後順位抵当権者は先順位抵当権の被担保債権の消滅時効を援用できない**　Ｙ信用金庫は，Ａとの取引から生じるＡの債務の担保のためにＡの所有する不動産上に根抵当権の設定を受け，その登記を経由した。他方，Ｘは同じ不動産上に後順位の根抵当権の設定を受け，その登記を経由した。Ａが債務を履行しなかったので，Ｙが根抵当権の実行として競売の申立てをしたところ，Ｘが，Ｙの根抵当権の被担保債権は弁済期から５年を経過して，時効により消滅していると主張して，Ｙの根抵当権の抹消登記手続を請求した。裁判所は，先順位抵当権の被担保債権が消滅すると，後順位抵当権者の抵当権の順位が上昇し，被担保債権に対する配当額が増加することがありうるが，これは抵当権の順位の上昇によってもたらされる反射的利益にすぎないから，直接利益を受ける者に該当しないとした。
>
> 《時効，援用，後順位抵当権者，反射的利益……最判平11年10月21日》

2　時効の遡及効

　時効の効果が確定するのは援用の時であるが，時効の効力はその起算日にさかのぼって発生していたものとして扱われる（144条）。すなわち，取得時効の場合はその起算日に取得したものとされるので，時効取得者が時効期間中に目的物について行った所有権譲渡などの処分は，処分権限のある者による有効な処分となり，逆に権利を失った者が時効期間中にした処分は無効となるのが原則である。また，消滅時効の場合にはその起算日に消滅したものとされるので，債務者は時効期間中の利息や遅延損害金を支払う必要がない。ただし，時効消滅した債権が時効完成前において他の反対債権と相殺可能な

状態にあった場合には，時効期間経過後も反対債権の債権者は相殺をすることができるとして（508条），当事者の相殺の利益のほうが遡及効より尊重されている。

3　時効の利益の放棄

時効の利益は放棄できる

　時効により利益を受ける者は，時効完成後であれば，時効を援用してもよいし，援用せずに時効の利益を放棄してもよい。しかし，時効完成前に，将来時効が完成した場合に受ける利益をあらかじめ放棄しておくことはできない（146条）。これは，事前の放棄を認めると，たとえば貸金の契約で貸主（債権者）が有利な立場を利用して借主（債務者）に事前の放棄を押し付けるなどのおそれがあるからである。

　時効の利益の放棄とは，完成した時効の効力を消滅させる意思表示である。放棄には特別の方式は必要でない。裁判外でもできる。時効の完成を知ったうえで，相手方の権利の存在を認める行為，たとえば債務の承認や，弁済の猶予願い，弁済，一部弁済などがされた場合は，放棄があったものとされる。

　いったん時効の利益を放棄するともはや時効を援用することはできなくなるが，放棄の時点から新たに時効期間が開始し，所定の期間が経過すればふたたび時効を援用することができる。これは時効の更新の場合と同じである。

時効の完成を知らなくても債務を承認すると援用できなくなる

　自己の債務が消滅時効にかかっているのを知らないで債務者が一部弁済したり，分割払に応じるように債権者に依頼したような場合，債務者は弁済した給付の返還を請求したり，また，残りの債務について消滅時効を援用することができるか。

　この点について，判例は，当初，時効の利益の放棄は時効の完成を知ったうえでされる必要があるとの前提から，債務者は時効完成の事実を知ってい

るものと推定するとの立場をとった。しかし，その後，学説から時効の完成を知らないからこそ債務の存在を認める行為（自認行為）をするのが通常だとの批判がされ，現在では，時効完成を知らなかった場合であっても，弁済は有効であり，残りの債務について時効を援用することはもはや信義則上許されないとの立場をとっている（→ケースのなかで24）。すなわち，時効の利益を受ける者の意思に基づく放棄とは別個の援用権の喪失事由が一般的に認められたことになる。

> ### ケースのなかで 24　時効完成を知らなくても一部弁済すると援用できなくなる
>
> 　木材商Ｘは取引の必要上Ｙから金銭を借り入れたが，返済債務について消滅時効期間が経過した後に，Ｙに借用金を元金だけにまけてくれたら年内に4〜5回に分割して支払える旨の手紙を書いた。Ｙからの強制執行に対し，Ｘが請求異議の訴えを提起し，債務承認の事実だけから時効の利益の放棄を推定すべきでないと主張した。裁判所は，時効の完成後，債務者が債務の承認をすることは，時効による債務消滅の主張と相容れない行為であり，相手方においても債務者はもはや時効の援用をしない趣旨であると考えるであろうから，債務者が時効完成の事実を知らなかったときでも，その後において債務者に時効の援用を認めないものと解するのが，信義則に照らして相当であるとした。
>
> 　《消滅時効，時効の利益の放棄，援用権の喪失……最大判昭41年4月20日》

4　時効の完成猶予と更新

時効の障害事由には2種類ある

　権利者の裁判上の請求による権利の確定や強制執行，債務者の承認があった場合には，時効は振り出しに戻り，時効期間は新たに進行を始める（147条2項・148条2項・152条1項）。これを時効の更新という。

　他方，時効の完成猶予とは，一定の事由が生じた場合に，一定期間が経過するまでは時効が完成しないことをいう。時効の完成猶予のタイプとしては，時効の更新のための手続がとられたものの，判決の確定や強制執行の実現に

までは至らなかったとき（147条1項・148条1項），仮差押えや裁判外の請求（催告）がされたにとどまるとき（149条・150条），協議を行う旨の合意があったとき（151条）などの権利者の権利の実現に向けた一定の行動に対して認められるものと，天災等によって時効の更新のための手続がとれないとき（161条）などの権利者の権利の実現に向けた行動が一時的に期待できなくなった場合に認められるものがある。

　時効の完成猶予に関する条文には，3か月とか6か月とか1年といった期間が出てくるが，これは，そのような一定期間内は時効が完成しないというだけで，本来の時効期間に一定期間が加算されるということではない点に注意しよう。たとえば，貸金債権の消滅時効の完成する5か月前に支払の催告を裁判外で行った場合，完成猶予期間は催告の時から6か月なので（150条），1か月消滅時効の完成を遅らせることができるにすぎないが，時効の完成する前日の催告であれば，6か月近く完成を遅らせることができる。

権利の行使による時効の完成猶予と更新

　時効期間が経過するまでに，権利者が所有物の返還請求の訴訟を起こしたり，債権の取立ての訴訟を起こすなどの裁判上の請求を行っている間は，時効は完成しない（147条1項柱書本文）。そして，判決が確定すれば時効が更新される（147条2項）。判決が確定することなく訴訟が終了した場合であっても，終了の時から6か月間は時効が完成しない（147条1項柱書括弧書）。したがって，この場合は，6か月以内に再度訴えを提起するなどすれば，時効の完成を妨げることができる。支払督促，訴え提起前の和解，民事調停，家事調停，破産手続参加等の場合も同様である（147条1項2号〜4号）。

　さらに，強制執行や担保権の実行等の手続が行われている間は，時効は完成しない（148条1項）。手続が強制執行等の申立ての取下げによって終了した場合には，終了の時から6か月間は時効が完成しない（148条1項柱書括弧書）。強制執行等によってもなお債権全額の弁済に足らなかった場合の残存

債権については，時効が更新される（147条2項）。

　なお，保全処分としての仮差押えや仮処分の場合は，それが終了した時から6か月間は時効が完成しないだけで（149条），時効の更新の効果とは結びついていない。

　これに対して，単に裁判外で返還や支払を請求するにとどまる場合（催告とよばれる）は，時効の完成をとりあえずは6か月間猶予させることができるにとどまる（150条1項）。相手方が催告後も6か月間これに応じないでいると時効が完成してしまう。時効完成を阻止するためには，催告の繰り返しでは不十分で（150条2項），催告から6か月以内に裁判上の請求や強制執行といったより強力な手段をとらなければならない。

一部だけ裁判で請求すると

　訴訟を提起するためには訴額に応じた額の手数料を裁判所に納付する必要がある（民事訴訟費用等に関する法律）。たとえば，5000万円の支払の請求訴訟を起こすには，17万円の手数料納付が必要である。損害賠償の訴訟のように勝てるかどうか分からない場合に，裁判所の反応を見るためにとりあえず，その一部の1000万円だけ請求するということがある。裁判の途中で消滅時効期間が満了し，その後原告が勝訴した場合，残りの額を請求する権利はどうなるか（→ケースのなかで25）。

> **ケースのなかで 25**　**一部であることを明示すると残部についても完成が猶予される**　Xは，Yに対して平成17年4月16日到達の内容証明郵便で未収金債権の支払の催告を行い，平成17年10月14日，未収金債権のうちの一部であることを明示して，支払請求の訴えを提起した。X勝訴の判決が平成21年9月18日に確定する前の平成21年6月30日に，Xは残部についての支払請求の訴えを提起した。裁判所は，明示的に一部についての訴えが提起された場合は，残部についても裁判上の催告として消滅時効の中断（2017年改正法でいう完成猶予）の効力を生じ，当初の一部についての訴訟の終了後6か月以内に裁判上の請求等の措置を講ずる

ことにより，残部について消滅時効を確定的に中断（2017年改正法でいう更新）することができるが，平成17年４月16日の第１の催告から６か月以内に裁判上の請求等の措置を講じなかった以上，消滅時効は完成するとした。

《一部請求，時効の更新，時効の完成猶予……最判平25年６月６日》

協議を行う旨の合意によって完成が猶予される

たとえば，所有権をめぐって争う当事者間や債権者と債務者との間で，権利についての裁判外での協議を行う旨の合意が書面でされた場合，①合意時から１年を経過した時，②合意で１年未満の協議期間を定めたときは，その期間を経過した時，③当事者の一方から相手方に対して協議の続行を拒絶する旨の通知が書面でされたときは，その通知の時から６か月を経過した時，のいずれか早い時まで時効は完成しない（151条１項）。

上記の時効の完成が猶予されている間に協議を行う旨の合意を再度した場合も時効の完成猶予の効力を有する（151条２項本文）。ただし，当初の合意から最長５年間を超えての猶予は認められない（同項ただし書）。

催告による完成猶予との関係では，催告による完成が猶予されている間に協議を行う旨の合意をしても再度の時効の完成猶予の効力は生じないし，逆に，協議を行う旨の合意による完成が猶予されている間に催告をしても再度の時効の完成猶予の効力は生じない（同条３項）。

なお，上記の書面による合意や通知は，電磁的記録によるものであってもよい（同条４項。→**コラム⑱**）。

権利の承認によって更新される

占有者や債務者のように時効が完成すれば利益を得る者が，相手方に権利があることを承認した場合にも，時効は更新される（152条１項）。承認は特別の形式をとる必要がない。たとえば，支払の猶予を求めること，利息の支払（元本についての承認となる），一部の弁済（残部についての承認となる）など

も承認にあたる。

　承認は，相手方に対してされなければならないので，銀行が預金について内部の帳簿に利息を記入しても承認にはならない。預金者の通帳に記入され，あるいは預金者から残高確認がされた時点で承認があったことになる。

天災等によって完成が猶予される

　時効の完成間際に台風のために交通・通信が途絶するという事態が生じたために，権利者として裁判上の請求等（147条）や強制執行等（148条）の時効の更新に向けた措置をとれなかった場合には，そのような権利者を保護するために，そのような事態が治まってから3か月間は時効の完成が猶予される（161条）。

　同様に，未成年者または成年被後見人に法定代理人がいないとき（158条1項），未成年者または成年被後見人がその財産を管理する父母または後見人に対して権利を有するとき（158条2項），夫婦間の権利（159条），相続財産に関する権利（160条）についても，権利者を保護するために一定の時点から6

か月間の時効の完成の猶予が認められている。

第4節　時効制度の意義と類似の制度

1　時効制度の意義

　時効制度は，本来の権利者に一方的に不利益を強いるものであり，正義に反するようにも見える。しかし，その存在意義として，①一定の事実状態が永続するとそれを基礎に社会の法律関係が築かれるから，これを覆すと社会の法律関係の安定をそこなうこと，および，②権利をもっているのに行使せず，権利の上に眠っている者は保護に値しないことがあげられている。他方，時効は，前主から権利を取得したのではあるが対抗要件を備えていなかった者，あるいは債務を弁済したのであるが領収書を保存していなかった者といった正当な権利者あるいは弁済者の保護のためにも機能する。こちらの側面からは，時効の存在意義として，③年月が経過すると証拠が散逸して立証が困難になるので，この点を緩和することがあげられる。

2　類似の制度

　時効と同様に，時の経過につれて本来存在した権利が行使できなくなってしまうという制度として，次の2つがある。

除斥期間

　除斥期間とは，当事者間の権利関係を早期に確定させるために，権利の行使期間を限定する制度であり，一定の期間が経過すると権利を行使できなくなる点は消滅時効と同様であるが，更新がないこと，援用されなくても裁判

所は適用できること，権利の発生した時点から起算されること，権利消滅の
効果は遡及しないことなどが消滅時効と異なる。

　民法上の権利の行使期間に関する種々の規定のうち，消滅時効の節（第1
編第7章第3節）のほか，時効により消滅すると規定されている場合（たとえ
ば126条前段）は消滅時効であり，そのような記載なしに期間が限定されてい
る場合（たとえば193条）は除斥期間であるとするのが民法起草者の考え方で
あるが，とりわけ126条については異論もある。

権利失効の原則

　消滅時効期間が完成する前であっても，権利者が長期間権利を行使しない
ために，相手方としてもはやその権利は行使されることはないだろうとの信
頼を抱くに至ったのが正当であるような事情が認められる場合には，このよ
うな信頼に反する権利行使は信義誠実の原則（1条2項）に反するとして許
されないことがある。これが，権利失効の原則とよばれる。

　たとえば，賃貸人が賃借人の無断転貸を知ってから7年も経過してから賃
貸借契約の解除権（612条2項）を行使したというような事例で，この原則の
適用が議論されるが，単純に権利の濫用（1条3項）で処理するとか，転貸
についての黙示の承諾があったとみなすこともできる。

参 考 文 献

　以下の参考文献は，民法の学習を始めたばかりの読者が本書と併読されることを想定している。したがって，おびただしい数の民法関連の本の中から，最近刊行されて書店や図書館で入手しやすく，しかも特色の強いものを中心に，数冊ずつ紹介する。より詳しくは身近にいる民法の先生に聞いて欲しい。

〈民法の入門書〉

　民法を専門として勉強するには，民法全体を3〜9冊程度に分けたものを読む必要があるが，まずは，民法全体を1冊で眺め渡せる入門書を読んでみることを薦める。また，これらの入門書は，一通り詳しい勉強を終った後で読めば，きっと目から鱗が落ちる体験をする。この種の入門書はきわめて多いが，とくに特徴のある比較的新しいものを4冊紹介する。

　　大村敦志『広がる民法1　入門編　法の扉を開く』（有斐閣，2017年）
　　道垣内弘人『リーガルベイシス　民法入門〔第4版〕』（日本経済新聞出版，2022年）
　　潮見佳男『民法(全)〔第3版〕』（有斐閣，2022年）
　　内田貴『高校生のための法学入門』（信山社，2022年）

〈民法総則の教科書・体系書〉

　教科書・体系書（この区別は相対的なものである）はきわめて多いが，ここでは，本書との併読ということをとくに強く意識し，本書よりかなり詳しいものをあげる。入門者には難しすぎるかもしれないが，時に必要に応じて関係する箇所を拾い読みするくらいは試みて欲しい。

　　佐久間毅『民法の基礎1　総則〔第5版〕』（有斐閣，2020年）
　　四宮和夫・能見善久『民法総則〔第9版〕』（弘文堂，2018年）
　　中舎寛樹『民法総則〔第2版〕』（日本評論社，2018年）
　　近江幸治『民法講義I　民法総則〔第7版〕』（成文堂，2018年）
　　大村敦志『新基本民法1　総則編〔第2版〕』（有斐閣，2019年）
　　平野裕之『民法総則』（日本評論社，2017年）
　　山野目章夫『民法概論I　民法総則〔第2版〕』（有斐閣，2022年）

〈判　例〉

　判例集に登載された判決そのものをぜひ読んでみて欲しいが，次にあげるものは，重要判例を集めて，事件の事実関係・判旨・問題点などを整理しており学習に便利である。

　松本恒雄・潮見佳男・下村信江編『判例プラクティス　民法 I　総則・物権〔第 2 版〕』（信山社，2022年）

　河上正二・中舎寛樹編著『新・判例ハンドブック【民法総則】』（日本評論社，2015年）

　原田昌和・秋山靖浩・山口敬介『START UP 民法①総則　判例30！』（有斐閣，2017年）

　潮見佳男・道垣内弘人編『民法判例百選 I　総則・物権〔第 9 版〕』（有斐閣，2023年）

〈その他〉

　次のものは，登記簿・内容証明郵便・各種契約書式・申請書・判決書など民法に関係する書類や著名判決に関する写真・資料などを解説付きで収録している。

　池田真朗編著『民法 Visual Materials〔第 3 版〕』（有斐閣，2021年）

判 例 索 引

大判……大審院判決　　　　　民録……大審院民事判決録
最判……最高裁判所判決　　　民集……最高裁判所民事判例集
最大判…最高裁判所大法廷判決

事 項 索 引

【有斐閣ブックス】

民法入門・総則　エッセンシャル民法1〔第5版補訂版〕

Introduction to Civil Law, General Provisions, 5th edition revised

1995 年　6 月 10 日 初　版第 1 刷発行	2018 年　4 月　5 日 第 5 版第 1 刷発行
2000 年　6 月 10 日 第 2 版第 1 刷発行	2023 年　3 月 25 日 第 5 版補訂版第 1 刷発行
2005 年　5 月 30 日 第 3 版第 1 刷発行	2024 年　7 月 30 日 第 5 版補訂版第 2 刷発行
2008 年　4 月 10 日 第 4 版第 1 刷発行	

著　者　　永田眞三郎，松本恒雄，松岡久和，横山美夏

発行者　　江草貞治

発行所　　株式会社有斐閣

　　　　　〒101-0051 東京都千代田区神田神保町 2-17

　　　　　https://www.yuhikaku.co.jp/

印　刷・製　本　　中村印刷株式会社

落丁・乱丁本はお取替えいたします。定価はカバーに表示してあります。

©2023, M. Nagata, T. Matsumoto, H. Matsuoka, M. Yokoyama.

Printed in Japan ISBN 978-4-641-18463-3